*L*ittoral

Luto de Criança

Littoral

Luto de Criança

Companhia de Freud
editora

TÍTULO ORIGINAL
REVUE DU LITTORAL – *Deuil d'enfant*
Publicação da École lacanienne de psychanalyse
E.P.E.L.

EDITORAÇÃO ELETRÔNICA
FA - Editoração Eletrônica

TRADUÇÃO
Dulce Duque Estrada

REVISÃO
Sandra Regina Felgueiras

AUTOR
Vários

ILUSTRAÇÃO DE CAPA
Túmulo dos filhos de Charles VIII e Anne de Bretagne construído em 1506
Catedral de Tours
Fotografia de Jean-Claude Arnoux

FICHA CATALOGRÁFICA

L974

Luto de Criança : Littoral / [tradução Dulce Duque Estrada] . - Rio de Janeiro : Companhia de Freud, 1999.
204 p. ; 23 cm.

ISBN 85-85717-21-1
Tradução de : Revue du Littoral.

1. Luto em crianças. 2. Aflição em crianças.

CDD-155.418

Companhia de Freud
editora
ENDEREÇO PARA CORRESPONDÊNCIA
Rua Visconde de Pirajá, 547 - Sala 702
Cep 22415-900 - Ipanema - Rio de Janeiro
Tel.: (021) 540-7954 – Telefax: (021) 239-9492
email: tereza@ism.com.br

Índice

Túmulo dos filhos de Carlos VIII
Fotografia de Jean-Claude Arnoux
Dois medalhões de mármore negro, engastados nos dois lados menores do pedestal, portam as inscrições em gótico:

Lado Leste
Charles huitiesme, roi pieux et excellent
Eut de Anne, reyne et duchesse en Bretagne,
Son premier fils nommé Charles Orland,
Lequel régna, sans mort que rien n'épargne,
Trois ans, trois moys, Dauphin de Viennoys,
Comte d'Yois et de Valentinois;
Mais l'an cinq cens moins cinq il rendit l'âme
A Amboise, le seziesme du moys
De décembre, puis fut mis soubz la lame.

Lado Oeste
Par Atropos qui les cueurs humains fend
D'un dard motel de cruelle souffrance
En dessoubz gist Charles, second enfant
Du roy Charles, et de Anne, reyne de France,
Lequel vesquit Dauphin de Viennoys,
Comte d'Yois et de Valentinois,
Vingt et cinq jours, puis lès Tours du Plessis,
En octobre mourut le deux du moys
Mil quatre cens avec nonante et six.

A criança, a palmeira e as letras fenícias

Jesper Svenbro

Se a criança grega leva um nome em homenagem a um parente, ou comemorando o feito de um parente, como Telêmaco ("Que-combate-ao-longe"), filho de Ulisses, cada morte de criança ameaça o renome, o kleos, *da pessoa comemorada. Algumas inscrições arcaicas são analisadas nessa perspectiva, que se abre para a "árvore fenícia", a palmeira* (phoinix), *cujas qualidades – esterilidade, longevidade – são igualmente aquelas das letras alfabéticas, chamadas "fenícias"* (phoinikêia).

O LEITOR DE INSCRIÇÕES gregas tem às vezes a impressão de que os monumentos fúnebres erguidos pelos pais em memória de seus filhos são mais numerosos do que aqueles erguidos pelos filhos em memória de seus pais. Uma rápida leitura da antologia de inscrições de Gerhard Pfohl, *Greek Poems on Stones*[1], confirma essa impressão: em cerca de duzentas inscrições funerárias, pelo menos umas trinta se referem a filhos enterrados por seus pais, enquanto somente algumas (cinco ou seis) se referem a pais enterrados pelos filhos.

Uma tal diferença pode surpreender. Mas devemos esperar que os pais vivam, até o fim de suas vidas, cercados pelos filhos que os irão enterrar? Decerto que não, particularmente numa sociedade onde, sem dúvida, a mortalidade infantil era elevada. Não apenas a mortalidade das crianças, no sentido estrito, mas também a mortalidade de indivíduos mais ou menos jovens, e mesmo adultos, devemos incluir aqui na categoria de "filhos" enterrados pelos pais, sem que suas idades sejam realmente possíveis de precisar.

Para cada dois pais enterrados por seus filhos, deveríamos então contar doze filhos enterrados pelos pais (seguimos os resultados tirados da coletânea de Pfohl). Ora, se essas cifras refletem a realidade da época em questão – as inscrições recolhidas vão dos Séculos VII a V a.C. –,

[1] Gerhard Pfohl, *Greek Poems on Stones*, vol. I, *Epitaphs. Fron the Seventh to the Fifth Centuries B.C.* (Textus minores, 36), Leyde, E.J. Brill, 1967.

encontramo-nos diante de uma taxa de mortalidade muito alta para os "filhos". Tão alta, de fato, que deveria ter acarretado uma certa *banalização* da morte de uma criança, mais que a comemoração funerária: numa época mais tardia, Plutarco evoca as antigas leis que proibiam funerais e rituais fúnebres para as crianças pequenas, a saber, para os *nêpioi*[2] (o grego *nêpios* corresponde aproximadamente ao latim *infans*), leis cuja razão parece ter sido a preocupação de limitar o luto por esses pequenos cuja morte era um acontecimento demasiado comum para que se pudesse impunemente perder tempo com ela.

Qual é, pois, o motivo da "desproporção" observada? Como escolher um ângulo de abordagem que não encalhe numa inevitável aporia estatística?

Mais que ver nessas cifras (cuja verificação completa teremos que deixar para depois) dados demográficos mais ou menos deformados e de difícil interpretação, parece mais avisado fazer delas o ponto de partida de uma pesquisa sobre as razões culturais, até mesmo "míticas", suscetíveis de elucidar o que, à primeira vista, nos parece uma assimetria. Quais são os pressupostos de luto pela criança de que testemunham as inscrições funerárias das épocas arcaica e clássica?

A criança, o nome e o renome

Uma passagem do *Banquete* de Platão permite, de maneira bastante cômoda, aceder à lógica da "desproporção estatística" que é nosso ponto de partida. Falando da ambição (*philotimia*) dos homens, Diotima convida Sócrates a

> refletir sobre o estranho estado em que os põe o amoroso desejo de fazer um nome para si e de assegurar pela eternidade dos tempos uma glória (*kleos*) imperecível: para este fim, eles estão todos prontos a correr todos os perigos, mais ainda que por seus filhos; prontos também a gastar suas fortunas, impor-se quaisquer trabalhos, sacrificar, enfim, suas vidas. (...) Ora, pois, continuou ela, aqueles cuja fecundidade reside no corpo voltam-se mais para as mulheres; e sua maneira de serem amorosos é buscar, engendrando filhos, propor-

[2] Plutarco, *Consolation à son épouse*, 11, 612 a-b.

cionar assim a eles mesmos, tal é sua idéia, a imortalidade, um renome durável, a felicidade, pela totalidade dos tempos por vir[3].

O que aprendemos com essa passagem? Àqueles cujo nome é celebrado pela epopéia, Diotima opõe aqueles que, através da procriação de filhos, pensam alcançar o mesmo objetivo, a saber, o "renome durável". Isso graças à lembrança que seus descendentes piedosamente guardarão deles. Por um lado, temos assim, por exemplo, o herói homérico, cujas façanhas são cantadas por Homero e dos quais Aquiles constitui o tipo; por outro lado, o indivíduo de quem os descendentes guardam a lembrança, não somente por sua semelhança com ele, mas ainda – e os exemplos são numerosos – pelo nome dado à criança e que recorda o ancestral. Por um lado, a memória coletiva, até mesmo a publicidade total; por outro, a memória familiar, a lembrança na intimidade da linhagem.

Consideremos o caso de Ulisses, duplamente instrutivo. Ulisses é um herói cuja glória é cantada por Homero. Nesse sentido, ele pertence à mesma categoria de Aquiles, que escolhe morrer diante de Tróia para ganhar a "glória imperecível", *kleos aphthiton*[4]. Mas Ulisses é igualmente o pai de um filho que se parece com ele e que, sobretudo, tem um nome próprio que constitui o epíteto de seu pai: *Têle - makhos* significa "que combate ao longe[5]", ao mesmo tempo "em Tróia" e "com o arco", já que aquele que partiu de Ítaca para a guerra de Tróia é também um grande arqueiro. O nome do filho resume, pois, os feitos do pai. Durante a ausência de Ulisses, Telêmaco permaneceu em Ítaca, como que para lembrar aos nobres locais, através de seu nome, a existência de seu pai, o rei.

Um irmão de Telêmaco, nascido depois da volta de Ulisses a Ítaca, chama-se Poliportes, *Ptoli-porthês*[6], significando "destruidor de cidades". Não que este filho tenha destruído alguma cidade. No momento em que recebe seu nome, ele ainda não realizou nada; no que lhe concerne,

---

3 Platão, *Banquet*, 208 c-e. Cf. Jesper Svenbro, *Phrasikleia, Anthropologie de la lecture en Grèce ancienne,* Paris, La Découverte, 1988, pp. 76-78.

4 Para a *kleos aphthiton*, ver em particular Gregory Nagy, *Le meilleur des Achéens. La fabrique du héros dans la poésie grecque archaïque*, trad. franc. de Jeannie Carlier e Nicole Loraux, Paris, Éditions du Seuil, 1994.

5 Cf. Eustáquio, *Commentaires à l'Odyssée d'Homère*, I, 1479, 56, Stallbaum: "Pois Telêmaco cresceu enquanto seu pai combatia ao longe, *têle makhomenou.*"

6 Apolodoro, *Épitomè,* VII, 35. *Ptolis* é o duplo de *polis*, "cidade".

pode-se somente esperar que venha a ser um grande guerreiro, à imagem de seu pai. Pois seu nome próprio nada mais é que o epíteto que Ulisses dá a si mesmo na *Odisséia* quando, finalmente, revela sua identidade ao Cíclope: se alguém quiser saber quem o cegou, diz Ulisses a este,

> foi o filho de Laerte, sim! o destruidor de cidades, *ptoliporthios*, o homem de Ítaca, Ulisses[7].

Ulisses é *ptoliporthios* por ter desempenhado um papel de destaque na tomada de Tróia. O nome de seu filho é testemunha disso. Ora, por sua vez, o filho de Telêmaco tem um nome que também recorda essa façanha de Ulisses: ele se chama *Perse-polis*[8], nome próprio que, simplesmente, inverte a ordem dos elementos que formam o nome *Ptoli-porthês* (*polis,* "cidade", e *perthein*, "destruir"). Poliportes e Persépolis significam, pois, a mesma coisa. Eles lembram o gesto do ancestral.

Tal é, com efeito, a lógica da onomástica grega, da qual é inútil multiplicar aqui os exemplos[9]. Em suma, como diz Proclo,

> os nomes atribuídos às crianças por seus pais têm o objetivo de comemorar alguma coisa ou alguém, ou ainda de exprimir uma esperança ou coisa assim[10].

Sobre a maioria dos nomes, não estamos, evidentemente, tão bem informados como sobre os de Telêmaco, Poliportes e Persépolis, mas a quantidade de casos "explícitos" é suficientemente grande para que seu princípio possa ser generalizado.

Aqueles que não se destacaram, de maneira a serem cantados pelos poetas, vão transmitir assim a lembrança de si mesmos, se não de suas façanhas, pelos nomes dados aos seus descendentes. Perder um tal descendente, pois, é ver desaparecer a "imortalidade" de que fala Diotima: é, certamente, perder "um pouco de si" (o homem realizado só é autenticamente realizado se os outros se lembrarem dele[11]). Pois, no interi-

---

7 *Odyssée*, IX, 502-505.

8 Hesíodo, fr. 221, Merkelbach-West.

9 Ver Svenbro, op. cit., pp. 74-91.

10 Proclo, *Scholies au Cratyle*, 47,88, Pasquali.

11 Cf. o argumento em Jean-Pierre Vernant, *Figures, idoles, masques* (Conferências, ensaios e aulas do Collège de France), Paris, Julliard, 1990, p.66: "O feito só o é, autenticamente, quando reconhecido e celebrado."

or de sua linhagem, a posteridade de Ulisses será unicamente aquela que sua descendência lhe pode conferir, através de alguns nomes próprios repetidos de uma geração para outra.

> A Demótimo, sua própria mãe Anfidama fez erigir este túmulo, pois em sua casa não nasceram crianças. E o tripé que ele ganhou na corrida a pé em Tebas...

Assim começa uma inscrição funerária em Trezena, datando do meio do Século VI a.C.[12]. O filho de Anfidama, pois, já é um adulto, que no entanto não teve filhos e cujo monumento funerário foi construído por aquela que se sentiu privada de "filhos de seu filho[13]". Aquele que, como atleta, ganhou a glória em Tebas não teve filho ou filha capaz de assegurar a continuidade de sua linhagem. Para Anfidama, a perda do filho é tanto mais dramática na medida em que este morreu sem deixar filhos. Quem se lembrará dele no futuro?

No epitáfio de Partênia, inscrição proveniente de Sinope (Paflagônia) e mais tardia (começo do Século V a.C.), lemos:

> Sou o túmulo da filha de Nádis o Cário. Tu que passas, detém-te e chora. Sou a lápide e o túmulo de sua filha que, perdendo a flor de sua juventude, morreu filha única (*monogenês)* de seu pai[14]...

O fato de se ter uma filha única já cria um problema para um pai grego, que – como o rei Alcínoo de que falaremos mais adiante – deve encontrar um genro pronto a integrar-se à casa do sogro. Ninguém poderá responder ao "desejo de imortalidade" desse pai, pois nenhuma descendência irá assegurar a sobrevivência de seu renome. Somente a lápide dará uma posteridade à sua filha e a si mesmo: o leitor dessa lápide é, mesmo, como que incluído na intimidade da família, pois convidado a participar do luto. Caberá a ele assegurar a posteridade da defunta e de seu pai.

Nessas duas inscrições, sente-se como que uma urgência, para a mãe Anfidama e para o pai Nádis, respectivamente, de erigir um túmulo, pois aquele e aquela que deveriam ter assegurado a posteridade "biológica" estão mortos. A cadeia foi rompida. E para a maioria das pessoas não há possibilidade de ganhar o renome durável de um Aquiles. Há somen-

---

[12] Nº 159 Pfohl.

[13] Para esta fórmula, ver Svenbro, op. cit., pp. 76-78 (*paides paidôn* e *nati natorum*).

[14] Nº 192 Pfohl.

te a procriação evocada por Diotima, para alcançar a imortalidade, através dos "filhos de filhos". É precisamente a interrupção seca de uma tal continuidade biológica que se vê encenada por essas duas inscrições – pelas quais os pais procuram remediar o vazio criado pelo desaparecimento de um filho sem filhos e de uma filha única, como por acaso nomeada Partênia ("Virgínia"). É mesmo essa interrupção irrevogável, trágica, que parece ser sua razão.

Não é que a lápide funerária *substitua* o defunto ou a defunta, mas cada leitor que se detém diante dela fará ressoar um nome próprio que, em conformidade com a onomástica grega, é portador de uma lembrança ancestral. Sob este ponto de vista, a lápide ocupa o lugar do filho: aquele que, em voz alta, lê o nome inscrito na lápide faz a mesma coisa que aquele que pronuncia o nome de um filho vivo. Que o (re-)nome ressoe! A leitura é, aqui, um ritual funerário, incitando o leitor a pronunciar o nome do defunto ou da defunta. Nessa medida, a inscrição aproxima o morto, ou a morta, do herói comemorado pelos poetas, e não é sem interesse lembrar que as inscrições funerárias são freqüentemente inspiradas em fórmulas épicas e que o túmulo sem inscrição evocado por Heitor no canto VII da *Ilíada* é suposto deslanchar, por parte do passante, um comentário oral que parece prefigurar os enunciados que os gregos, mais tarde, iriam inscrever sobre as pedras tumulares[15]. Enquanto a lembrança assegurada pela descendência biológica do defunto permanece precária e submetida às vicissitudes da vida e da reprodução, o monumento funerário parece estável e imutável, repetindo, através da leitura e de suas letras alfabéticas, o nome próprio do defunto ou da defunta.

A escrita e o mito da palmeira

Essas "letras alfabéticas" chamam-se em grego *phoinikêia grammata*, ou simplesmente *phoinikêia*, "fenícias". Se a inscrição funerária está

[15] *Ilíada*, VII, 89-91: "'Eis o túmulo de um herói morto há muito tempo, quando, na sua busca da glória, foi morto pelo brilhante Heitor.' Assim se falará um dia (...)." Cf., em especial, a inscrição n.º 11 Pfohl (Córcira, cerca de 600 anos a.C.): "Eis o túmulo de Arniadas, que foi morto por Ares de olhar feroz quando, na sua procura resoluta da glória, batia-se (...)."

intimamente ligada à introdução do alfabeto em terras gregas – com efeito, pode-se pensar que a escrita alfabética tenha sido tomada de empréstimo aos semitas para servir à comemoração dos mortos –, torna-se importante examinar o nome grego das letras. *Phoinikêia* pode funcionar como um nome comum, derivado do nome *Phoinix*, que significa "fenício" e às vezes usado como nome próprio por heróis gregos. O alfabeto, portanto, é feito de "letras fenícias", até mesmo simplesmente por "fenícias". No entanto, *phoinix* significa igualmente "vermelho", significação associada à proveniência fenícia da cor púrpura, e que evoca o fato de que as letras gravadas em pedra pelos gregos eram freqüentemente pintadas em vermelho[16]. Mas isso não é tudo. O nome *phoinix* quer dizer também "palmeira" (e "palma").

A palavra constitui, assim, a verdadeira caixa de ressonância, graças à qual o pensamento grego vai tentar dar um sentido à escrita fenícia, tanto mais, poderíamos acrescentar, que um dos sentidos derivados de *phoinix* é "instrumento de cordas, lira", sugerindo além disso que a leitura é a colocação em som "lírico" da escrita muda (a notação musical dos gregos era alfabética). Mas a pista que proponho aqui não será aquela que, para o historiador do alfabeto, remonta ao lugar da invenção do alfabeto semítico, a fenícia, nem aquela que leva ao escriba Spensíteos, o *p(h)oinikastas* cretense, profissional das letras fenícias por volta do ano 500 antes de nossa era[17], nem aquela que explora a técnica de fazer ressaltar, pela cor vermelha, as letras gravadas no mármore. Será aquela que leva, precisamente, à árvore fenícia, a palmeira, e a suas propriedades particulares, suscetíveis de investir as letras alfabéticas de algumas significações fundamentais. Em suma, vai-se tratar do "mito" da palmeira.

É, principalmente, num texto de Plutarco que podemos colher informações sobre esta árvore maravilhosa[18]. Em *Propos de table*, aprendemos, com efeito, que a palmeira se distingue, em primeiro lugar, por sua *longevidade*: quando os poemas órficos querem evocar uma

---

[16] Ver, por exemplo, as indicações na coletânea de Gerhard Pfohl e os escólios a Denys de Thrace citados mais adiante.

[17] Para Spensíteos, ver Marcel Detienne (ed.), *Les savoirs de l'écriture. En Grèce ancienne*, Lille, Presses Universitaires de Lille, 1988, p. 17 etc.

[18] Plutarco, *Propos de table*, VIII, 4 723a-724f.

longevidade excepcional, diz Plutarco, empregam precisamente a comparação com a palmeira:

> Eles viviam tanto quanto as altas copas das palmeiras.

Se a reprodução da palmeira é sempre precária, como aprendemos em Heródoto[19] e em Teofrasto[20] – os homens devem intervir no "acoplamento" das árvores machos e fêmeas –, a palmeira grega é, além disso, "estéril" (ou *gonimos*) e "sem fruto" (*akarpos*), diz Plutarco: a *esterilidade* é, pois, um segundo traço característico da palmeira grega: ela cresce na Grécia, mas não dá frutos (ou não os leva à maturação). Terceiro traço a se guardar da ficha botânica estabelecida por Plutarco: a palmeira conserva suas folhas (afirmação, aliás, inexata), ao passo que as outras árvores as perdem para possibilitar o crescimento de outras; a *imutável identidade* da palmeira se opõe assim, acrescenta nosso autor, à identidade de uma cidade (ou de um indivíduo), que se modifica à medida que o tempo passa[21]. Tudo se passa como se a palmeira representasse a glória imperecível, *kleos aphthiton*, própria aos atletas vitoriosos, tanto mais que a palavra *aphthitos* pertence ao registro vegetal ("que não se fana"). Referência essencial aqui, já que a palmeira tornou-se o prêmio, por excelência, do atleta vitorioso nos Jogos.

De fato, é o próprio Plutarco que aproxima a glória imperecível da palmeira:

> "A glória dos vencedores", explica um de seus interlocutores, "deve, na medida do possível, ficar imperecível (*aphthitos*) e não deve envelhecer; e a palmeira é uma das árvores que têm a vida mais longa"[22].

Na primeira das duas inscrições funerárias acima citadas, vimos que o vencedor da corrida a pé, Demótimo de Trezena, obteve uma tal glória, pois sua mãe lhe erigiu um monumento inscrito, cuja leitura irá constituir a posteridade gloriosa do defunto. Posteridade imutável, e tanto mais necessária quanto Demótimo não teve posteridade biológica.

Mas a pesquisa da relação entre o vencedor e a palmeira ainda não está terminada. Deve-se inicialmente sublinhar o fato de haver uma

---

[19] Heródoto, 1, 193.

[20] Teofrasto, *Histoire des plantes,* II, 8,4.

[21] Cf. Plutarco, *Sur les délais de la vengeance divine*, 15, 558f-559c.

[22] Plutarco, *Propos de table*, VIII, 4, 723e.

assonância muito marcada entre o acusativo *phoi-nik-a e nik-ê,* sendo a vogal i longa em ambos os casos. Entre aquele que traz a "vitória" (*nikên*) e, por isso, recebe a "palma" (*phoinika*) existe uma identidade que a língua grega acentua.

O traço mais interessante da palmeira na sua relação com o atleta é, no entanto, a sua esterilidade, sua incapacidade de deixar frutos, uma descendência. É igualmente o próprio Plutarco que funda a analogia entre a palmeira e o atleta na esterilidade. Retomando um tema conhecido de Platão[23] e de Aristóteles[24], e que figura na *Chave dos Sonhos* de Artemidoro[25], bem como na *Natureza dos Animais* de Eliano[26], Plutarco explica que a semente dos atletas é estéril. O atleta esgota suas forças nos trabalhos que visam a vitória e a glória: seu esperma é de má qualidade, impróprio para a reprodução. Logo, é como um bom atleta que Demótimo não tem posteridade biológica. Em compensação, sua posteridade, assegurada pelas *phoinikêia* de sua inscrição funerária, será sua glória imperecível, *kleos aphthiton*, repetida em altas vozes pelas gerações futuras.

> No livro II das *Invenções*, Skamon diz que as letras (*grammata*) foram chamadas "fenícias" (*phoinikêia*) por causa de Phoinikê, filho de Acteon. Este, ao que se conta, não teve filhos do sexo masculino, mas somente filhas: Aglauros [Água brilhante], Herse [Orvalho], Pandrosos [Todo o orvalho]; Phoinikê morreu quando ainda era uma moça solteira (*parthenos*). Por essa razão, Acteon chamou às letras "fenícias", querendo atribuir um culto (*timê*) a sua filha[27].

Eis uma das lendas que contam a invenção do alfabeto grego e que, apagando resolutamente a origem semítica ("fenícia") do alfabeto, permite-nos insistir na relação entre a princesa ateniense chamada Phoinikê e o termo *phoinix* no sentido de "vermelho" e, principalmente, de "palmeira".

---

[23] Platão, *Lois,* VIII, 839e-840b.

[24] Aristóteles, *Politique*, 1335b5-8.

[25] Artemidoro, *Clef des songes*, V, 95.

[26] Eliano, *Nature des animaux*, VI, 1.

[27] Skamon, *FGrHist* 476 F 3; segundo os escólios a Denis de Helicarnasso, citados acima, o relato era conhecido de Andron de Helicarnasso e de Menecrates de Olinto, ambos, como Samom de Atenas, autores do século IV a.C.

Inicialmente, o fato de que as três irmãs de Phoinikê têm nomes que significam "água" ou "orvalho" não é sem importância aqui. Ele sugere, com efeito, que a defunta está como que ressecada, em conformidade com a idéia grega de que a morte é um ressecamento e que os mortos têm sede[28]. Sob este ponto de vista, Phoinikê se assemelha à palmeira, que segundo Teofrasto "gosta muito de irrigação" (*philei... hudreian sphodra*[29]), preferindo a água das fontes à água do céu; nas regiões secas, ela só pode sobreviver graças ao orvalho. Mas isso não é tudo: em grego, a voz "escoa", é "vertida", é percebida como um "escoamento" ou "corrente"[30]. A leitura pode, assim, assumir a forma de uma libação derramada sobre a lápide funerária. A Phoinikê, ressecada pela morte, parecem então responder três irmãs leitoras, porque "vertem" suas vozes (e, sem dúvida, suas lágrimas) sobre a princesa Escrita.

Do rei ateniense Acteon nascem, pois, quatro princesas. Não há filhos nessa família, o que o texto acentua como que para dizer que a descendência do rei Acteon cria um problema. Problema que ele partilha com o rei Alcínoo na *Odisséia*, o qual tem apenas uma filha, Nausica. Com efeito, aos olhos do rei, Ulisses – estrangeiro no reino feácio – teria sido um genro ideal, pois sem criar problemas de poder e de sucessão poderia ser integrado à casa real e assegurar uma posteridade para o rei (o filho de uma filha única é praticamente considerado como filho de seu avô materno[31]). Mas eis as palavras de Ulisses quando, detido na ilha dos feácios, aproxima-se da princesa:

---

[28] Cf. em especial Jean-Pierre Vernant, *Mythe et pensée chez les Grecs*, 4ª edição, Paris, La Découverte, 1985, p. 334: "De resto, os *psuchai* dos mortos estão sedentos. É irrigando-os com diversos licores de vida que se os atrai para a luz e se lhes devolve por um instante, com a lembrança do pensamento, como que um reflexo de sua antiga vitalidade".

[29] Teofrasto, *Histoire des plantes*, II,6,3.

[30] Ver Jesper Svenbro, "La cigale et les fourmis. Voix et écriture dans une allégorie grecque" (*Lectiones Boëthianae*, 7), *Opuscula Romana*, 18,1, 1990, p. 16, n. 79. Trata-se dos verbos *rhein*, "escorrer" (*Ilíada*, 1,249, etc.) e *kheein*, "verter" (*Odisséia*, XIX,521 etc.); para "escoamento, corrente", ver Aristóteles, *Problemas*, XI, 45, 904a24: trata-se do nome de ação *rhusis*.

[31] Cf. Jean-Pierre Vernant, *Mythe et societé en Grèce ancienne*, Paris, François Maspero, 1974, p. 76 e n. 58.

> Não! Jamais vi mortal, homem ou mulher, semelhante a ti; e diante de ti sinto-me cheio de reverência. Nada vi de igual senão outrora, em Delfos, perto do altar de Apolo, o tronco reto de uma jovem palmeira (*phoinikos*); pois também lá estive, acompanhado de todo um povo, nessa estrada onde deveria encontrar tantos obstáculos. Como, então, diante dele, permaneci por muito tempo em estupor, pois jamais algo semelhante crescera da terra, assim, ó mulher, eu te admiro com estupor, tenho infinito medo de tocar teus joelhos[32].

A comparação entre a jovem princesa sem irmãos e a palmeira, por um lado, sugere sutilmente, através da esterilidade da palmeira, ou antes através de sua incapacidade de dar frutos, que a princesa Nausica jamais será a esposa do estrangeiro. Por outro lado, faz pensar na princesa Phoinikê, cujas ligações com a palmeira serão lidas com maior nitidez em seu nome. Em outras palavras, essa comparação homérica corrobora a hipótese segundo a qual o sentido de "palmeira" é aquele privilegiado pelo relato de Skamon sobre a invenção das *phoinikêia*.

Nas numerosas exegeses da expressão *phoinikêia grammata* que se encontram em especial nos escólios a Denis da Trácia[33], vamos voltar a encontrar, evidentemente, os fenícios, inventores do alfabeto, tão eficazmente eliminados pelo relato de Skamon. A árvore *phoinix*, "palmeira", intervém igualmente por diversas vezes: como para Sibila de Cumes[34], suas folhas teriam servido de suporte da escrita para os gregos, bem como sua madeira[35]; e o tutor de Aquiles, *Phoinix* (desprovido de descendência), é citado como o inventor das letras, assim como um outro *Phoinix*, filho de Pronopo e Europa, ao lado de Kadmos o "fenício" (*Phoinix*[36]).

---

[32] *Odyssée*, VI, 160-169; para a palmeira de Delfos, ver em primeiro lugar o relato do *Hino homérico a Apolo*, 116-119: Leto lança seus braços em torno dele, dando nascimento a Apolo.

[33] *Anedocta Graeca*, II, pp. 774 e 781-786, Bekker.

[34] Varron chez Servius, *Commentaire à l'Éneide*, III, 444.

[35] Como mais tarde a madeira do "pinho", *peukê*, que pode igualmente significar "tabuleta de escrita" (Eurípedes, *Iphigénie à Aulis*, 39; *Hippolyte*, 1254).

[36] Para Kadmos, pai de quatro filhas e inventor das letras, ver Svenbro, op. cit., pp. 94-95.

O "túmulo" de Timoxena

Os mesmos escólios mencionam também a história de Acteon e de Phoinikê, sem narrá-la em detalhes, o que significa que ela era bastante difundida (embora seja muitas vezes esquecida pelos modernos, que preferem citar Prometeu como inventor da escrita). O rei Acteon, sem descendência masculina, perde uma filha, Phoinikê, cujo nome vai ser dado à escrita, ou mais precisamente às "letras", *phoinikêia*. Cada vez que se diz "letras", em grego, evoca-se portanto a lembrança de sua filha. Tal é o "culto" (*timê*) fundado pelo inventor da escrita. *Toda* escrita comemora, com efeito, sua filha num luto interminável: enquanto os homens escreverem, prestarão culto a Phoinikê. A escrita do luto jamais acabará. E, pode-se acrescentar, tampouco sua leitura. *Principalmente* a sua leitura: "Detém-te e chora", lemos na inscrição de Partênia, filha única de Nádis o Cário. Essa fórmula é corrente nas inscrições. Se os leitores futuros a repetem, isso quer dizer que a leitura assume a forma de um luto sem fim, um luto desmesurado, incapaz de se transformar em *kleos*[37]. A escrita programaria, assim, um luto interminável, realizado por um número infinito de leitores que, idealmente, partilham os sentimentos dos próximos.

Mas, como aprendemos na *Consolação à sua esposa*, de Plutarco[38], a preocupação de impor uma medida ao luto é um dos temas principais da cultura grega: o domínio da emoção – tão admirado por R. M. Rilke na segunda elegia de Duíno – é valorizado a ponto de Plutarco, que acaba de perder sua filhinha Timoxena, escrever, em carta dirigida a sua esposa:

> Pois conheço e avalio a importância da nossa perda. Mas, se julgar que exageras no pesar, isso me causará mais dor do que o acontecido.

Na realidade, ele confia em sua mulher, que já deu provas de contenção quando da morte de dois de seus quatro filhos. Dignidade, simplicidade, silêncio: tais são os atributos dessa esposa exemplar no luto[39].

---

[37] Para a oposição entre o desgosto (*akhos*) sentido pelos próximos e a glória (*kleos*) destinada ao público, ver Nagy, op. cit., capítulo 6.

[38] *Moralia,* 608b-612b.

[39] Podemos observar que, para Plutarco, o excesso no luto equivale ao excesso no prazer e parece constituir uma forma de lascívia, da qual sua boa esposa deve se guardar. Cf. Nicole Loraux, *Les mères en deuil*, Paris, Le Seuil, 1990.

Com efeito, conclui Plutarco, o costume e a lei ancestrais têm razão de afirmar que as crianças mortas na mais tenra idade não devem receber funerais, nem ser objeto de rituais fúnebres.

Pode-se confrontar essa atitude com uma inscrição dedicada, precisamente, a uma menina pertencente à categoria dos *nêpioi*, a saber, Tessália, morta no começo do Século V antes de nossa era (inscrição proveniente de Oloosson, na Tessália):

> Muito pequena (*nêpia*) morri e não cheguei à flor da juventude; mas cheguei antes ao Aqueronte, o rio de inumeráveis lágrimas. Aqui, seu pai Kleodamos, filho de Hiperanor, me erigiu [a mim, a lápide], junto com sua mãe Korona, à sua filha Tessália[40].

A lei ancestral de Plutarco não é, visivelmente, aquela dos pais de Tessália, cuja lápide de mármore – inscrita com quatro hexâmeros de que acabamos de ler a tradução – assegura uma posteridade à filha defunta como a uma filha que houvesse atingido a idade da razão. Mas, ao mesmo tempo, pode-se dizer, a *Consolação a sua esposa* constitui também um "túmulo" (escrito com vistas à publicação), que faz ressoar o nome da pequena, este nome que é também o de sua mãe: Timoxena. Ao mesmo tempo em que aprova a lei ancestral, Plutarco assegura assim, através de suas "letras fenícias", um luto ao mesmo tempo comedido e interminável de sua filha, a quem o leitor, este "estrangeiro" (*xenos*), prestará doravante um "culto" (*timê*[41]).

---

[40] N.º 139 Pfohl. Para o deslizamento no nível da enunciação – da defunta à lápide, ambas se designando na primeira pessoa –, ver Svenbro, op. cit., p. 31 e n. 78.

[41] Se o nome de Timoxena significa normalmente "Aquela que honra os estrangeiros", ele não proíbe a reinterpretação *ad hoc* "Aquela a quem os estrangeiros honram", até mesmo "Aquela a quem os estrangeiros prestam um culto". O "estrangeiro", o *xenos*, é com muita freqüência o destinatário da inscrição funerária.

Anônimo
Niña Petrita Jiménez
Óleo/lâmina. 109 x 89 cm. Col. particular.

Imagens da inocência eterna

Gutierre Aceves★

Desde a época colonial, pratica-se no México o rito de pintar as crianças que abandonam esta vida, durante uma cerimônia maior conhecida como "vigília dos anjinhos". O historiador de arte Gutierre Aceves explorou com a maior penetração essa arte ritual, suas origens, suas significações e suas extensões até a arte contemporânea. Trata-se de um campo estético profundamente enraizado no México, que para muitos ainda é surpreendente.

NO DECORRER DE SUA HISTÓRIA, todo grupo humano elabora um conjunto de crenças e de práticas religiosas associadas aos momentos cruciais da vida: nascimento, puberdade, casamento e morte. Assim, do seu nascimento à sua morte, o indivíduo irá participar de cerimônias sociais que têm por fim o acesso a novas posições. Como observou Edmund Leach,

> a maior parte das cerimônias sociais se ocupa do franqueamento dos limites sociais, de um estatuto social a um outro, de um homem vivo a um ancestral morto, de uma mulher solteira a uma mulher casada, de um indivíduo doente e contaminado a um indivíduo sadio e imunizado.

Esses ritos, que Arnold Van Gennep chama de "ritos de passagem", não marcam somente uma mudança de estado, mas a efetuam.

As duas cerimônias rituais que, para a tradição cristã, fazem o maior apelo à transcendência e são as mais significativas são aquelas que se referem à chegada de um novo ser na comunidade, e à entrada do defunto no mundo dos mortos. Esses dois fatos são regrados por ritos sacramentais cujo objetivo é facilitar as passagens entre este mundo e o outro, como o batismo, a extrema-unção e o ofício dos mortos. Assim se nasce para a vida da Graça, uma nova vida mais plena.

★ Publicado em *Artes de Mexico, El arte ritual de la muerte niña*, Número 15, primavera de 1992. Todas as notas são da tradução francesa de Danielle Arnoux e Conchita Vidal.

A morte prematura de uma criança encurta um ciclo de vida e põe em estreita proximidade os extremos, começo e fim, nascimento e morte, e é por isso que os funerais de crianças têm características especiais. O jesuíta Daniel Sola indica, em seu *Cours pratique de liturgie*,

> [...] que para os funerais de inocentes – isto é, aqueles que morreram depois de receber o batismo e antes de ter o uso da razão – não se tocam os sinos, ou então se o faz de maneira festiva, e não lúgubre. Que, além disso, o cadáver vestido de maneira adequada a sua idade e sexo seja coroado de flores ou de ervas aromáticas.

Na tradição católica, chama-se de "*anjinho*[1]" aquele que morre depois de ter sido batizado e antes de ter "o uso da razão". Assim, o termo "*anjinho*" manifesta, por um lado, a pureza absoluta deste pequeno ser já liberto do pecado original por haver recebido o batismo e assinala, por outro lado, a convicção de que a criança, devido à sua idade precoce, entrará imediatamente no Paraíso. A origem dessa distinção e seu fundamento remontam ao Novo Testamento.

> Apresentavam-lhe crianças pequenas para que ele as tocasse, mas os discípulos as afastavam. Vendo isso, Jesus se zangou e lhes disse: "Na verdade vos digo: quem quer que não acolha o reino de Deus nos pequeninos não entrará nele." Depois, abraçou-os e os abençoou, impondo-lhes as mãos (Marcos, 10, 13-16).

Daí uma identificação da criança com a alma pura.

Assim, os pais que perderam um filho experimentam tanto a dor normal da perda quanto a alegria de sabê-lo vivo pela eternidade, sob a condição de ter sido batizado. Do contrário, a criança é destinada ao Limbo, "o lugar dos suspiros, e não das lamentações", como escreveu Dante.

A taxa elevada de mortalidade infantil tornava imperativo administrar o batismo imediatamente depois do nascimento. Todavia, o batismo não purifica somente a alma da criança, mas também a instaura no primeiro rito de socialização já que, através do sacramento, a criança recebe um nome e padrinhos, pai e mãe espirituais.

---

1 "*Angelito*", literalmente, "pequeno anjo". [No original francês, *petit ange*]. O termo francês *angelot* é essencialmente reservado à iconografia.

Se a criança não sobrevive para além da primeira infância, certos ritos funerários devem ser realizados. Do falecimento da pequena criatura até seu enterro sucedem-se os atos que fazem parte desses ritos.

Para reconstituí-los, recorremos aos relatos transmitidos oralmente, essencialmente pelo viés da família. Para isso fizemos entrevistas, na região de Ameca, Jalisco, com pessoas cujas idades variavam dos 30 aos 90 anos.

Vamos tomar, em seguida, como modelo de funerais de crianças, aqueles que correspondem a essa área geográfica. A coleção de fotografias de Juan de Dios Machain, fotógrafo do século passado, é representativa deles. Infelizmente seu perfil biográfico não pôde ser precisado. Sabe-se apenas que produziu um grande trabalho fotográfico durante sua estada em Ameca, Jalisco, entre o fim do século passado e 1930. No momento de estabelecer comparações entre os ritos cujo documento ele constituiu e a prática dos ritos fúnebres de outras regiões do país – Oaxaca, Puebla, Guerrero, Mérida, Xochimilco e o Bajio –, encontramos uma grande semelhança, na medida em que o modelo espiritual que determina tal comportamento diante da morte provém do dogma católico. Diferenças de fundo e de forma existem nas comunidades que escapam à influência cristã.

A reconstituição dos funerais nos permite abordar a maneira como a comunidade vive a morte de uma criança no quotidiano. Quando os pais percebem que seu filho vai morrer, mandam chamar os padrinhos de batismo, pois são estes que desempenham um papel primordial nos funerais; são eles os encarregados de embalsamar o afilhado com as roupas e a coroa que a madrinha confecciona, ou manda confeccionar.

O embalsamamento constitui uma parte fundamental do rito, já que é então que se identifica um menino a São José ou ao Sagrado Coração e, se for uma menina, à Imaculada Conceição. Pode-se vesti-los inteiramente de branco, ou também com suas roupas mais belas. Os padrinhos completam a vestimenta com *huarachitos*[2] de cartolina revestidos de papel dourado e um ramo de flores de laranjeira, ou um buquê de tuberosas ou lírios que dispõem entre as mãos da criança. Assim, as rou-

---

[2] Os *huarachitos* são sandálias. Nesse contexto, parece que são ornamentos mexicanos de papel sanfonado, não havendo equivalente exato para o termo.

pas tornam-se uma vestimenta sagrada, de acordo com o estado de santidade em que morre esse ser totalmente puro e inocente.

Os padrinhos realizam também uma função extra-religiosa importante assumindo os gastos consecutivos aos funerais: fogos de artifício, engajamento do mariachi que acompanhará o cortejo a caminho do cemitério e outras despesas com que os pais, às vezes, não podem arcar. Isso se manifesta nas lamentações que se cantam às crianças na região de San Francisco del Rincón, Guanajuato:

> Felizes os padrinhos que te batizaram
> com palma e coroa na glória eles entraram
> felizes os padrinhos que te batizaram
> felizes as despesas que por ti eles fizeram.

Para o velório, o cadáver, disposto numa mesa guarnecida por um pano ou toalha branca, é coberto de rosas, de flores de medronheiros, *granduques*[3], margaridas, *nubes*[4] e outras, trazidas pelos vizinhos e pelos próximos. Além disso, em torno da mesa, dispõem-se vasos de flores e potes de begônias, *belenes*[5] e outras plantas. O momento culminante do velório chega quando os padrinhos cingem a cabeça da criança com uma coroa de flores de laranjeira. Nesse instante, soltam-se os primeiros fogos que anunciam "a coroação". A explosão participa à comunidade o falecimento da criança.

Durante o velório, as únicas orações cantadas são as Louvações, orações da devoção mariana. Os nomes dessas orações exaltam as virtudes e qualidades da Virgem. "Bom-dia, pomba branca", "Pois que foste concebida sem pecado", "Ave Maria cheia de graça", "Virgem gloriosa, bendita seja tua pureza". Eis os fragmentos que sugerem:

> *a Beleza:* bom-dia, branca Pomba, / hoje venho te saudar, admirando tua beleza / em teu Reino Celestial;
> *a Santidade:* criança bela, criança santa, louvo teu doce nome, / porque és tão sagrada, tão santa / eu te venho saudar;

---

3 Não foram encontrados nomes equivalentes.
4 Idem.
5 Idem.

a Pureza: brilhante como a aurora, / pura, simples e sem mácula, / que prazer recebe minha alma, / bom-dia, branca Pomba;

a Imaculada Conceição: já que foste concebida / sem o pecado original / desde teu primeiro instante / em teu Reino Celestial;

a Intercessão: deves ser nossa madrinha na hora do julgamento universal. / Escuta-nos, graciosa criança, / no teu Reino Celestial;

Guia: feliz guia do marinheiro, / tu és, Ó Estrela do Mar / sobre a terra e no céu eu te venho saudar;

Pastora e guia: és a divina Pastora, / és a Virgem soberana, / venho cantar tuas graças / ó estrela da manhã.

No contexto dos funerais, esses louvores à Virgem associam as virtudes e qualidades de Maria com aquelas do "*anjinho*", com a diferença de que se considera a Virgem imaculada desde sua concepção.

Durante o velório, oferecem-se aos amigos dos enlutados café, canela com álcool e pão. No dia seguinte, transporta-se o cadáver para o cemitério num pequeno caixão branco com insígnias de anjos. Antigamente a criança era levada numa liteira decorada com papel de seda e colocada mais tarde no caixão. Ao sair de casa, juntava-se ao cortejo – composto essencialmente por crianças levando flores – o mariachi que tocava ao longo do trajeto até o cemitério valsas como *Sonho de um anjo, Viva meu infortúnio, Deus não morre jamais, Morrer sonhando, Assim passa a vida, Honra e glória, Salvador,* etc.

Até os anos 60 deste século, queria o costume que os meninos pequenos que acompanhavam o cortejo fossem vestidos de branco e as meninas de anjo – como quando iam oferecer flores à Virgem no mês de maio. Assim, o cortejo adquiria um caráter de corte celestial que com o acréscimo da música e dos fogos de artifício podia, guardadas as proporções, pretender um parentesco com aquele que acompanhou a alma da Virgem na sua subida para a Glória.

Na chegada ao cemitério, faz-se uma pausa na capela e dali se caminha até o local onde será enterrada a criança. Uma vez o pequeno caixão baixado à terra, os padrinhos lançam os primeiros punhados de terra e o caixão é coberto de flores. Nesse momento o mariachi entoa *As andorinhas,* ou *Adeus,* e soltam-se os últimos fogos reservados a este momento derradeiro.

A única oração feita especialmente para os funerais de crianças é o "adeus dos *anjinhos*", conhecida em outras regiões como "Cumprimentos". Ela é dita antes que o cortejo saia de casa, ou ao fim dos funerais.

I

Feliz de ti, belo anjo,
e na hora em que nasceste,
felizes teu pai, tua mãe
e os padrinhos que tiveste.
Feliz de ti, belo anjo,
que irás entrar na glória
com tua palma e tua coroa
e vestido de cristal.
Tu me pediste uma coroinha
e dei-te uma coroinha
em tudo, a ti, consenti,
tudo tiveste no altar.
Já me separo do mundo
já não quero ser mundano,
pois já os anjos do céu
já me levam pela mão.
Morreu, o pequeno anjo,
Deus me guarde, que alegria
que os anjos o recebam
para cantar Maria.

II

Anjo que vais para o Céu
com teu lírio em tua mão
pede a Maria santíssima
perdão para teus irmãos.
Do Eterno as riquezas
vais agora experimentar
e da Virgem as finezas
por mil séculos cantar.
Adeus, meus queridos pais
adeus, pérola milagrosa
adeus, ó Santa Maria
adeus, minha mãe toda amor.
Adeus, adeus, minha mãe,
adeus, minha consolação:
adeus Maria sagrada
nós nos veremos no céu.
Adeus, luz esplendorosa
ó mãe de consolação
já chego à minha partida,
envia-me a tua benção.

Ao final, um declamador ou mariachi fala em nome da criança para fazer suas despedidas, com esta oração, a seus pais, seus próximos e sua casa. Por ela, consola-se a mãe que entrega seu filho ao céu e conta-se a entrada da criança pura na Glória, com sua palma e sua coroa; dá-se, assim, ênfase ao poder de intercessor adquirido pela criança, com essa morte florida dando-lhe acesso ao Paraíso. Mais tarde, a cada ano, celebra-se o dia dos mortos: o primeiro dia de novembro é dedicado aos "*anjinhos*", o dia 2 aos adultos.

Nova vida na fotografia

A partir da segunda metade do século passado, uma parte importante do ritual passou a consistir em fotografar a criança morta. A tradição de fazer seu retrato existia na pintura desde o Século XVIII. O advento da fotografia permitiu às classes menos favorecidas conservar também a imagem de seus filhos, a lembrança tangível que os fixa na memória até o momento do encontro final na outra vida.

Conhecem-se ao menos cem fotografias desse tipo feitas por Don Juan de Dios Machain. Além de seu valor como testemunho etno-histórico, o trabalho de Machain tem uma inegável qualidade estética. A fotografia, como parte do rito, exprime a aspiração à vida transcendente. Quando a morte oferece a intemporalidade à criança, esta última se despoja de seu nome e se transfigura em "*anjinho*": agora, goza da vida eterna e se transforma em arauto da pureza. A criança é, assim, um modelo para os vivos e um mediador entre a família e o domínio do sagrado.

Juan de Dios Machain
Final do Século XIX e início do Século XX.
Prata/gelatina. Col. particular.

A fotografia nada mais é que a cristalização desse feito, a vitória sobre a morte reservada aos justos. O futuro amputado da criança permanece fixado nesta imagem que será piedosamente conservada, como uma prova da entrada de uma criança na vida eterna: a partir desse momento, ela será considerada como uma santa e terá um lugar particular no culto doméstico que se presta, na intimidade, aos desaparecidos. A fé na ressurreição da criança diminui a angústia dos pais e lhes proporciona consolo e esperança. Além disso, a certeza de uma outra vida depois da morte torna tolerável a ausência da criança, pois o falecimento de um filho nos confronta da forma mais cruel com nossa impotência diante dela.

Embora a morte seja um fenômeno inelutável, existem várias maneiras de morrer, conforme a classe social e a cultura a que se pertence. Por exemplo, o peso do binômio doença–pobreza recai sobre a população mais vulnerável: a população infantil. Quanto mais se desce na escala social, menos os pais têm meios de assegurar a sobrevivência de seus filhos e mais aguda é a consternação diante da impossibilidade de evitar sua morte.

Essa dor indizível experimentada pelos pais na morte de seu filho é canalizada – como catarse – através do rito e a fotografia faz parte disso. Ambos cumprem uma dupla função: registrar o destino de ascensão da criança e proporcionar a consolação necessária em face do choque afetivo. Assim, a esperança de uma vida transcendente, melhor que a atual, e a lembrança fotográfica permitem aos pais assumir, pouco a pouco, a ausência de seu filho e aceitar a realidade: a criança está morta, mas a vida continua. Isso explica a crença popular tão difundida, segundo a qual a criança perderá a Glória se os pais verterem lágrimas por sua morte.

É preciso incluir, nesse contexto, os elementos iconográficos dentre aqueles que se oferecem à criança morta. No período compreendido entre o fim do século passado e o ano de 1930, quando Machain executou suas fotografias, as estatísticas estabelecem que o número de crianças mortas era de aproximadamente 300 em mil, cifras que dizem por si mesmas a devastação sofrida pela população infantil, principalmente devido a doenças como a gastroenterite e infecções pulmonares, como atestam os arquivos paroquiais de Ameca.

Don Juan de Dios Machain satisfazia as demandas de retratos dos "*anjinhos*" fotografando-os em casa durante o velório, no cemitério ou

Juan de Dios Machain
Final do Século XIX e início do Século XX.
Prata/gelatina. Col. particular.

em seu estúdio. Nessas imagens, podia aparecer unicamente a criança com os atributos que a distinguiam, ou então a criança acompanhada por um ou pelos dois pais, pelos padrinhos, seus irmãos, até mesmo por um grupo mais amplo. Ainda que o trabalho de Machain não se limitasse a uma só classe social, já que sua tarefa de retratista em geral cobria todas as camadas sociais de Ameca no início do século, as vestimentas dos sujeitos retratados indicam que o costume de se fazer fotografar junto à criança morta foi adotado pelas classes sociais menos favorecidas economicamente, ou de origem rural.

Não obstante sua qualidade, os retratos fotográficos de Machain não manifestam ostentação técnica na manipulação do aparelho, nem grande variedade de ângulos nas tomadas. Sua ênfase é posta, muito mais visivelmente, na seriedade e solenidade com que os acompanhantes da criança encaram a objetiva, ou na ternura com que olham para a criança, acentuando o laço afetivo que os une. Assim se estabelece um jogo de olhares que denuncia o *pathos* desses homens diante da separação de um ente querido. Esses retratos tornam-se verdadeiras imagens escatológicas, já que seu motivo principal não é individualizar aqueles que são representados, mas fixá-los num gesto que retém o estado de alma diante da morte como um ato que renova a vida.

Purezas paralelas

A origem dos atributos iconográficos (palma e coroa) próprios dos ritos para as crianças que examinamos, bem como outras características dos funerais, encontra-se nos textos e nas imagens pintadas que dão conta do ciclo da morte e da glorificação da Virgem, que ocupou um lugar preponderante na iconografia da arte cristã. Embora não exista nenhum fundamento nas Escrituras em torno da morte e da Assunção de Maria, este é um tema que gozou de grande popularidade na cristandade.

A tradição sobre a morte e a Assunção da Virgem foi sintetizada por Jacques de Voragine em sua *Lenda dourada*, no Século XIII, época em que o culto mariano foi ardentemente suscitado. O texto de Voragine foi fundamental para os artistas que se ocuparam destes temas.

Voragine começa por declarar que seu relato provém de um livro apócrifo atribuído a São João Evangelista, no qual se descreve como se deram esses fatos.

Um dia em que o coração da Virgem estava fortemente abrasado pela saudade de seu Filho e pelo desejo de se reunir a Ele, um anjo lhe anunciou sua morte.

> [...] envolvido em luz – suas claridades – surgiu diante dela um anjo que a saudou nestes termos: "Salve, Maria, que sois abençoada: recebei a benção daquele que deu a salvação a Jacó. Ora, eis um ramo de palmeira que vos trouxe do paraíso, como à minha senhora; vós o fareis portar diante do ataúde; pois em três dias sereis arrebatada de vosso corpo; vosso Filho aguarda sua reverenda mãe[6]."

A palma era uma espécie de ramo formado por um galho verde cujas folhas luzentes e esplêndidas brilhavam como a estrela da manhã. A palma como atributo dos eleitos de Deus, a começar pela Virgem e São José, tem sua origem na representação do Paraíso como um oásis povoado de palmeiras.

[6] Trad., franc. de J.-B. M. Roze em Jacques de Voragine, *La légende dorée*, Paris, Garnier-Flammarion, 1967, t. 2, p. 86.

Em seguida, Maria fez uma série de pedidos, onde se destacava insistentemente seu desejo de reunir os apóstolos a fim de que estes se encarregassem de seus funerais. São João foi o primeiro a chegar. Transportado por uma nuvem do lugar onde pregava, foi depositado às portas da casa da Virgem, a qual, depois de lhe haver dito "logo vou morrer", recomendou-lhe que conseguisse para ela uma sepultura imediata, para impedir a execução da ameaça dos judeus de jogar seu corpo ao fogo. Mas, além disso, pediu a São João que a palma, que lhe fora dada por um anjo, fosse levada por alguém à frente do caixão.

São João informou todos os apóstolos, logo reunidos e também eles trazidos por nuvens, sobre a morte iminente de Maria, e os advertiu:

> Irmãos, quando Maria morrer, devemos nos mostrar fortes, dominar nossos sentimentos e não chorar, porque se as pessoas nos vissem abandonando-nos à nossa dor natural, iriam se espantar e diriam: ora vejam! Insistem tanto em nos convencer de que iremos ressuscitar porque não estão muito convencidos de que aquilo que pregam é verdadeiro, pois, se o estivessem, a morte dessa mulher não lhes causaria tamanho desgosto.

O relato apócrifo prossegue com a descrição do cortejo acolhedor da alma de Maria em sua viagem para a Glória:

> Ora, por volta da terceira hora da noite, Jesus chegou com os anjos, a assembléia dos profetas, o grupo dos mártires, o exército de confessores e o coro das virgens. Todos se colocam diante do trono da Virgem e cantam juntos doces cânticos[7].

O próprio Jesus começou o ofício, pedindo à mãe que partilhasse seu trono. A Virgem respondeu que estava pronta, e o cortejo entoou:

> Foi ela que se conservou pura e sem mácula; ela receberá a recompensa que pertence às almas santas.

Um momento culminante dos funerais chega quando o coro entoa o cântico:

> Vem do Líbano, ó minha esposa; vem do Líbano, serás coroada.

[7] J. de Voragine, *La légende dorée,* op. cit., p. 88.

E Maria respondeu:

> Eis-me aqui, eu venho; pois está escrito sobre mim, em todo o livro da lei: que eu farei vossa vontade, ó meu Deus, porque meu espírito exulta de alegria em Deus meu Salvador.

Foi assim que a alma da Virgem saiu de seu corpo e voou para a eternidade nos braços de seu Filho.

> Sua morte se produziu sem dor, sem pompas e sem nada daquilo que torna penoso e triste morrer.

O Cristo empreende, com a alma de sua mãe, a viagem para a Glória, cercado por uma infinidade de rosas vermelhas, isto é, a assembléia dos mártires, e por uma inumerável quantidade de lírios, porque os lírios se assemelhavam ao exército dos anjos, dos confessores e das virgens que o escoltavam.

São Pedro decide que São João era o mais indicado para levar a palma e abrir o cortejo dos funerais, segundo estas palavras:

> A palma da Virgem deverá ser portada por alguém que tenha vivido virginalmente; por isso, esta honra cabe a ti, João, pois foste eleito pelo Cristo para permanecer virgem.

No terceiro dia de sepultura a Virgem foi ressuscitada pelo Cristo, que de novo insuflou sua alma a fim de que seu destino de ascensão fosse completo e seu corpo subtraído à corrupção:

> Levantai-vos minha mãe, minha pomba, tabernáculo de glória, vaso de vida, templo celeste, levantai-vos. E assim como, quando de minha concepção, não fostes contaminada pela mácula do crime, também assim, no sepulcro, não sofrereis nenhuma dissolução do corpo[8].

Uma série de afinidades, de semelhanças e de simetrias tornam patente a assimilação do discurso da morte de uma criança àquele da Virgem. As duas mortes são uma alegre viagem rumo à Glória, livre de todos os sofrimentos aos quais se assujeita o comum dos homens. Por outro

---

[8] J. de Voragine, *La légende dorée*, op. cit., p. 91.

lado a Virgem, mãe por excelência, é identificada às mães que perderam um filho jovem, já que, à imagem de Maria que perdeu o seu em honra da Redenção, as mães tornam-se doadoras de anjos quando perdem os seus. Por sua maternidade e por uma vida exemplar, totalmente pura e submissa à vontade do Senhor, a Virgem obtém seu poder de intercessão e na hora da morte faz-se apelo a ela. São, igualmente, os seus sentimentos filiais e sua pureza que determinam que se recorra ao "*anjinho*" como mediador. Os recursos simbólicos são os mesmos: a coroa, como signo da Glória reservada às almas justas, e a palma, como alusão ao triunfo sobre a morte e à virgindade de seus portadores. A interdição de chorar exprime, nos dois casos, a crença na Ressurreição. Outras semelhanças, a presença real ou metafórica da música e as flores nos cortejos, são significativas, ainda que anedóticas. A Virgem, bem como as crianças, devem pois transformar-se em modelos espirituais, já que suas mortes bem-aventuradas e edificantes coroam uma vida isenta de toda mácula durante sua passagem pelo mundo. Seus funerais são uma homenagem à santidade e servem de guias para inspirar sentimentos piedosos aos fiéis, na via cristã que conduz à salvação.

Diversos indícios nos permitem estabelecer como esses funerais de crianças encontraram seu fundamento doutrinário naqueles da Virgem, e quais são os mecanismos que permitiram a essa identificação de conteúdos religiosos estender-se através do México, principalmente no Século XIX, perdurando até hoje.

O primeiro se refere aos modelos de comportamento que se inculcavam às crianças na Nova Espanha, durante a sua formação. O que se esperava de uma criança era ditado pelo adulto, em função de suas necessidades e de sua visão de mundo. Considerava-se que a criança ideal era aquela que manifestava comportamentos adultos, em particular a moderação e a responsabilidade. A criança era vítima de uma dupla escala de valores, devendo também responder às qualidades de inocência, ternura e, em especial, de pureza: seu modelo devia ser o Menino Deus ou a Virgem Maria. Segundo esses valores, a criança tornava-se pura, um ser à parte digno da atenção de Deus, pois que vivia em sua graça. Era sempre caracterizada como um pequeno anjo isento de todo pecado. Entretanto, a criança era também frágil e dócil, e por isso necessitava da vigilância de seu Anjo da Guarda e de seus pais. Pode-se notar que as devoções ao Anjo da Guarda e ao Menino Deus, aos quais se conformava a conduta das crianças, foram introduzidas pelo pensamento da Contra-Reforma, bem como o culto ardente que se prestava à Virgem naquele período, para defendê-la do ataque reformista que negava tanto sua virgindade quanto o fato de sua Imaculada Conceição. Não se deve perder de vista que se embalsamavam as meninas como Imaculadas e os meninos como São José, devoção também promovida pela Contra-Reforma, assim como a oração pelos defuntos, como menciona Emile Male. Um outro fato que deveu favorecer a transferência de significação do rito da Virgem àquele do "*anjinho*" foi a comemoração da Assunção de Maria, desenvolvida pela Igreja depois do Século VI. A celebração da Assunção foi muito importante no México. Não é sem motivo que a Virgem seja, precisamente sob esta invocação, titular das catedrais de México, Guadalajara, e das paróquias de Aguascalientes e Zacatecas. O número de pinturas que dão conta dessa passagem nos retábulos e sacristias dos lugares de culto é igualmente significativo.

Celebra-se a lembrança da morte e da Assunção da Virgem nos dias 14 e 15 de agosto. Até uma época recente, em nosso país, estendia-se a Virgem numa espécie de catafalco à guisa de leito e cercavam-na de presentes que as crianças lhe ofereciam: frutas (marmelos, uvas, maçãs e pêssegos), flores, de preferência brancas ou rosa, perfumes e incenso. A essa Virgem que jazia coroada de flores e que logo ascenderia para a Glória as crianças dirigiam pedidos e prometiam aperfeiçoar suas vidas espirituais. Suas cartas eram reunidas num braseiro, para serem incineradas; a fumaça que produziam iria subir ao mesmo tempo que a alma de Maria.

É provável que esse costume, embora posterior, derive da exaltação mariana orientada pela Contra-Reforma. A Igreja deve ter considerado que essas passagens da vida da Virgem, ainda que não estivessem consignadas nos Atos dos Apóstolos, poderiam ser convenientes para se meditar sobre a ressurreição e os caminhos que levam a ela. Nesse sentido, a morte de uma criança era uma ocasião para dar ênfase à necessidade do batismo como iniciação ao cristianismo.

Por outro lado, no mundo da Nova Espanha do fim do Século XVII e de todo o Século XVIII, o discurso ideológico que a Igreja articula sobre a morte torna-se uma admoestação e uma exortação para preparar uma boa morte, como atestam muitas pinturas da época.

Assim, proliferam os quadros didáticos sobre a boa morte de um cristão, os perigos da alma e as penas do inferno, referindo-se, por exemplo, às condições de uma boa confissão ou à corrupção inevitável do corpo. Encontramos exemplos do precedente nas pinturas que pertencem à Igreja de San José del Real – a antiga *Profesa* – e no políptico *O relógio da vida humana*, peça estudada por Gonzalo Obregon, que se encontra no museu nacional do vice-regente de Tepozotlan.

Na literatura, temos dois exemplos que recomendavam de igual maneira preparar-se por uma vida boa, isenta de pecado e em estado de graça, para poder entrar na Glória: uma é *A agregação do morrer. Pontos para a lição do último momento*, de Don Diego de Torres, Espanha, 1724; outra é *A prodigiosa vida da Morte, imperatriz dos sepulcros, aquela que vinga as afrontas do Altíssimo, e grande dama da humana natureza*, de frei Joaquin de Bolaños, impressa no México em 1792.

Apesar dessas admoestações "para morrer uma boa morte", provenientes do temor dos tormentos eternos, o fato de não sucumbir à tentação proporcionava, juntamente com uma boa vida, a esperança de ganhar a Glória: e é precisamente a mentalidade barroca que dá sua naturalização a um lugar intermediário entre o Céu e o Inferno: o Purgatório, como um local onde a alma termina de se purificar e pode ser ajudada nesse processo pela oração e pela proteção de um santo.

O adormecer da Virgem e os falecimentos dos santos, sobretudo o de São José, testemunham um aprisionamento da morte, já que suas vidas exemplares tornam inútil o julgamento que irá determinar seus destinos. É nessa morte dos eleitos que tem lugar a morte de uma criança, bem como a devoção ao "*anjinho*". Considero que esta se enraizou profundamente nos costumes populares através dos livrinhos piedosos que ainda hoje são vendidos perto das igrejas e que contêm orações de devoção à Virgem, o rosário, orações a diversos santos, ou para a hora da morte. Essas publicações fazem da oração uma prática quotidiana comum. Os grandes mistérios da religião estão distribuídos nessas orações, onde se tornam acessíveis as complicações teológicas do Limbo, do Purgatório e todas aquelas que se referem ao nosso destino pessoal no fim da vida.

Imagens da inocência

No México, a partir do Século XVII, surgiu uma grande profusão de pinturas representando o ciclo da morte e da glorificação da Virgem, ou diversas cenas de sua vida. Essas imagens, sobretudo as que se referem a sua viagem, também chamada de Adormecimento (sono da morte), são um modelo preexistente possível de que irão se servir os futuros fotógrafos que registram a morte de um "*anjinho*".

Quanto ao parentesco que elas têm com as imagens fotográficas, as composições de Juan Correa (em atividade entre 1674 e 1739), José de Ibarra (1688-1756), Miguel Cabrera (1695-1768) e Miguel Geronimo Zendenjas (1750-1815) são de particular interesse.

Observa-se, em suas pinturas sobre este tema, uma constante: a tranqüilidade com que a Virgem recebe sua morte. Consciente, pois advertida pelo anjo, Maria manifesta então seu desejo de ser acompanhada em sua última hora pelos apóstolos, e ordena seus funerais.

A tranqüilidade da Virgem não provém apenas da certeza de sua Assunção. Esta serenidade diante da morte responde a um modelo de morrer que Philippe Ariès situa na Idade Média, segundo o qual o moribundo organiza ele mesmo uma cerimônia pública que exige a presença de parentes, vizinhos, amigos e até mesmo as crianças. O moribundo franqueava uma série de etapas previstas, e jazia à espera do momento de morrer. Entretanto, a morte da Virgem é transitória, com o mais-além do triunfo: o ciclo de sua glorificação começa com sua Ressurreição e sua Assunção e culmina com a sua coroação.

Por seu caráter exemplar ou excepcional, a morte dos santos e mártires participa também dos símbolos da palma e da coroa como um determinante de seu triunfo sobre a morte. A morte de São José é uma das mais convincentes, já que em sua viagem ele acompanha a Virgem e seu Filho, enquanto Deus Pai e o Espírito Santo o recebem na Glória. As pinturas de Francisco Geronimo Zendejas ou de José Ibarra são um bom exemplo disso.

Outros dignos representantes do pensamento cristão foram os mártires, que não somente não temiam a morte, mas na realidade a desejavam com alegria, pois sabiam que ela era um renascimento. Sua morte violenta constitui um batismo de sangue que abre para eles as portas da Glória. Com nosso tema central, a morte das crianças, lembro a pintura *O martírio dos meninos Justo e Pastor*, de José Juarez (1615/1620-1660/1670).

As religiosas, no dia de seus esponsais místicos, marcam sua morte para o mundo com esses mesmos símbolos (palma e coroa). Elas também se aparentam à iconografia fúnebre estabelecida pela Virgem e pelos "*anjinhos*", já que são vestidas da mesma maneira para representar a Virgem, quando morrem, na medida em que cumpriram de maneira exemplar os votos professados.

O retrato anônimo dos *Infantes Miguel José, Manuel Miguel Maria e Mariana Micaela Josefa* (p. 45) é um exemplo claro do modo pelo qual se fixou solidamente a imagem das crianças na pintura mexicana a partir do Século XVIII. Nessa obra, os rapazinhos aparecem como adultos em miniatura: um está vestido de padre, o outro de cavaleiro; a menina usa suas roupas e acessórios – leque, colar e bracelete – com a dignidade de uma dama; ela está cercada por seus irmãos, os quais põem uma das mãos nos seus ombros. As vestimentas e os gestos solenes anunciam papéis sociais que as crianças deverão cumprir e a continuidade dessa sociedade rigidamente "organizada em corporações e dividida segundo a classe social".

A representação das crianças mortas não escapa a essa maneira de manifestar a dignidade ainda na hora da morte. A pintura do Século XVIII dá à iconografia funerária do Século XIX duas maneiras de fazer o retrato das crianças mortas.

Um primeiro modelo é estabelecido pelo *Retrato da menina Maria Josepha de Aldaco* (p. 159), pintado por Frei Miguel de Herrera (Século XVIII) em 1746. Ali a menina, elegantemente vestida, aparece de pé e com os olhos abertos, como se estivesse viva. O cenário que a cerca denota sua condição aristocrática; sabemos que é um retrato *postmortem* somente pela legenda que nos informa de seu falecimento, e pela rosa que ela segura delicadamente em sua mão. Essa indicação floral e a inscrição serão duas constantes nos retratos do Século XIX ligados a esse tipo de representação.

O outro modelo é o *Retrato do menino Thomas Maria Juachin Villaseñor*, de 1760. O menino foi colocado para sua vigília fúnebre,

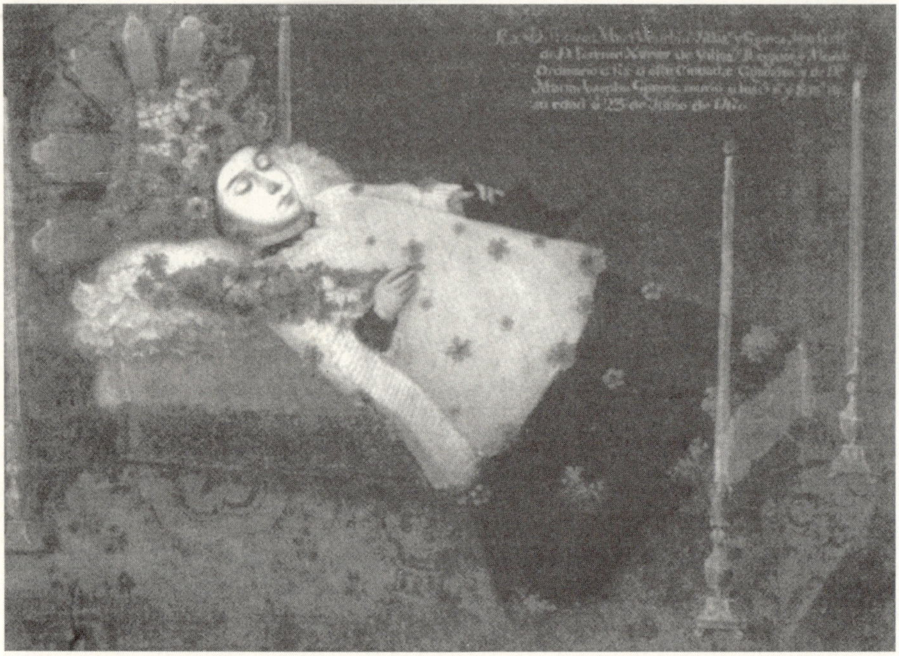

Anônimo
D. Thomas María Joachín Villas y Gómez
Óleo/tela. Col. Margarita Palomar Martínez Negrete.

com uma dignidade espetacular, sobre um catafalco guardado por quatro círios acesos. Vestido como um *filipense*[9], com uma sobrepeliz imaculada sobre sua batina, tinha flores espalhadas sobre o corpo. Numa das mãos, a palma florida, na outra um tricórnio; seus cabelos estão arranjados sob uma enorme coroa recoberta de flores que se apóia num travesseiro. A magnificência ostentada para nos apresentar esta criança – filho de Don Lorenzo Xavier de Villaseñor, ex-governador e ex-prefeito de Guadalajara – não manifesta somente sua posição social, mas faz alusão a um conteúdo religioso pertencente a um determinado rito funerário para as crianças. Este marca para nós uma distância em relação ao retrato anteriormente mencionado, bem mais próximo de uma concepção secular da evocação da morte. Entretanto, as duas imagens proclamam a ideologia da classe social a que pertencem os retratados.

[9] Religioso da ordem de San Felipe.

Assim, a roupa de *filipense* que veste o menino Juachin Villaseñor está em consonância com o costume de se oferecer um filho a uma congregação ou convento, por razões de devoção ou de economia, já que, para evitar a dispersão, somente o primogênito podia herdar o patrimônio.

Sucessor do quadro do menino Villaseñor, há o do *Menino del Rio y Gallo*, pintado 42 anos mais tarde, em 1802. Única diferença, o segundo modelo porta o tricórnio e tem na mão um pequeno ramo de flores.

Na pintura do Século XIX, as diversas modalidades iconográficas para representar a morte das crianças vão daquelas que respondem aos modelos descritos até variantes que introduzem diversos elementos significativos, oferecendo uma diversidade de alternativas no comportamento diante da morte.

Os retratos de *Micaela de los Angeles Villaseñor*, de quatro anos, *Martiniano López*, de um ano, bem como o de *Alfonso Camarena Gómes*, correspondem ao primeiro modelo descrito. Nestes últimos, o fato da morte não é tangível para o espectador, já que se representam as crianças de pé e não mortas, com uma ou várias flores nas mãos, para nos dar através de sua atitude uma ilusão de presença viva. De novo, somente a legenda e a flor indicam que os modelos são falecidos. Nesse tipo de imagens, existe freqüentemente uma falta de coerência entre a idade real da criança e aquela com a qual se a representa, pois muitas vezes parecem mais velhas. O menino Martiniano, por exemplo, morreu no seu primeiro ano de vida e no quadro parece ter cinco ou seis anos. Aqueles que são apresentados vivos estão mortos na realidade, e a serenidade com a qual aparecem na pintura pertence, antes, ao além.

Essa maneira de representar irá evoluir do genérico ao específico, em meio à lenta simplificação de cenários em que se encontra o retratado, até situá-lo sobre um fundo neutro.

Desse modo, no Século XIX, abandona-se a necessidade de marcar como algo de primário os elementos que indicariam o estatuto social da criança. Essa evolução permite ao rosto da criança adquirir uma maior individualidade.

A efigie pintada por José Maria Estrada (1810-1865) do menino *Eustachio Martinez Negrete* nos mostra essa evolução que faz desaparecer do quadro o anedótico e reduz a imagem ao essencial. Resta apenas o atributo da flor que a criança segura em suas mãos unidas: toda a atenção se concentra no rosto que, com os olhos fechados, faz face ao espectador; e isso, tanto mais que uma única parte de seu corpo aparece.

A singularização pictórica da criança se fez de maneira progressiva e responde, entre outras, à exigência de uma nova clientela que encomenda um retrato onde a criança morta apareça o mais fielmente reproduzida, para captar assim a lembrança com o maior realismo possível. Exemplar desse realismo sem equívoco, o retrato da *Menina Francisca Quesada*, pintada por Hermenegildo Bustos (1832-1906) em 1884.

Variantes desses retratos testemunhos são aqueles onde o modelo aparece com meio corpo, apoiado num travesseiro. Embora tenham os olhos abertos, sabemos que foram atingidos pela morte graças à flor que têm nas mãos e à ausência de brilho no olhar. Resultam daí imagens românticas sugestivas que arrancam a criança do olvido para entregá-la à nostalgia. Requer-se a imagem do sono, ou da vigília, para evitar a representação direta da morte. Um exemplo disso é o retrato do *Menino Bernardo de Mier y Almendaro*, que realiza o sono da morte como um gozo eterno, oferecido ao momento de abandonar a experiência sensível imediata.

À nostalgia da infância como a melhor idade, na qual os jogos não cansam, banhando-se numa pura Arcádia, correspondem os retratos de *Aurelio Camarena y Maria Arochi y Baeza* (p. 105), falecida aos nove meses. Em suas mortes vigis, eles mostram, um o cavalinho de madeira, a outra um carretel. Essa maneira velada de manifestar a morte é uma forma de aceitação da perda para uma parte dos pais, já que esses retratos, tão do gosto burguês do Século XIX, unem-se à parte da pinacoteca familiar na qual os desaparecidos mantinham seu lugar. A revolução sentimental do romantismo é assim depurada nas miniaturas pintadas em marfim, engastadas em broches, que testemunham para sempre o laço afetivo da mãe com os filhos que perdeu: jóias da dor, onde a mãe grava a lembrança de seu filho para prendê-las junto ao coração. A invenção de Francisco Morales van der Eiden, de pintar o instante em que o Anjo da Guarda faz a apresentação à Sagrada Família dos *Meninos Velasco*, mortos durante uma epidemia, resulta de um romantismo acadêmico.

Uma outra modalidade, a dos quadros com um conteúdo religioso e ritual explícitos, como o da *Menina María Magdalena Gallardo*, transfigurada como o Menino Deus; ou aqueles, pintados por uma mão anô-

Anônimo
Niña Magdalena Gallardo
Óleo/tela. 46 x 66 cm. Col. particular.

nima ou "popular", que concretizam a imagem das crianças em sua inocência e sua proximidade com o sagrado. Assim, *Melchior Salazar*, cercado de flores, e *Elena Madrigal*, com uma touca florida e um pequeno ramo na mão, aguardam serenamente a ressurreição, enquanto *Pedrita Jiménez* (p. 20), com sua coroa de rosas e seu lírio, já triunfou da morte, como nos indicam seus olhos abertos. Essas imagens farão com que os pais os esqueçam como crianças de carne e osso e lembrem-se deles como "*anjinhos*".

Tradição e novas visões

Nos remanejamentos que, a partir de 1921, tornaram tangíveis a reflexão e a retomada do mexicanismo nos diversos domínios da cultura, encontram-se as obras de Frida Khalo (1910-1954), David Alfaro Siqueiros (1898-1974), Gabriel Fernández Ledesma, Olga Costa (1913) e Jesús Reyes Ferreira (1880-1977). Eles se utilizaram de diversas fontes para fazer de suas imagens o eco direto da tradição. Tal é o caso de *O defunto Dimas Rosas*, pintado por Kahlo em 1937 (p. 43). A artista deve ter-se inspirado diretamente num desses ritos funerários, pois registra minuciosamente todos os detalhes. Lembremos que seu marido Diego Rivera, naqueles anos, era editor de arte da revista *Mexican Folkways*, onde foram publicados numerosos artigos sobre as cerimônias dos pequenos defuntos nas diversas regiões do país.

Quanto a Siqueiros, ele conta em suas memórias como alguém o tomou por um fotógrafo, fato que teria determinado a origem de seu *Retrato de menina viva e de menina morta*:

> Senhor fotógrafo, senhor fotógrafo, venha comigo, meu pai gostaria que o senhor viesse tirar o retrato de minha irmãzinha que morreu ontem, porque temos que enterrá-la amanhã cedo.

Na imagem pintada por Olga Costa (p. 44) não se encontra somente a criança deitada, mas ela é representada em companhia de sua mãe. Ela se aproxima bastante das fotografias, pelo acréscimo de um novo elemento à composição, pois as fotos inauguram na iconografia infantil *postmortem* a criança acompanhada.

A obra de Jesús Reyes Ferreira, importante para a revalorização da tradição, mostra-nos sobre o friável papel da China a fragilidade da vida da criança interrompida, que se renova em seu leito de flores. É importante também *A conversação entre a menina e a morte*, de Fernández Ledesma.

O tema da morte das crianças permanece hoje um tema de predileção de certos pintores contemporâneos. Cada um toca nessa tradição com seu próprio olhar e sua própria linguagem plástica. Dentre os exemplos localizados, o de Gonzalo Ceja é o mais próximo do domínio do

Frida Kahlo
El difuntito Dimas Rosas a los 3 años de edad. 1937.
Óleo/masonite. 48 x 31 cm. Fundação Dolores Olmedo Patiño A. C.

religioso: ele concebe sua imagem como uma natureza morta, na qual justapõe a criança que jaz e sua assunção rumo à existência definitiva adquirida com a morte. Igualmente, Esteban Azamar parte da configuração tradicional das fotografias que chamamos de "escatológicas" e transcreve essa linguagem em desenho.

A criança florida, de Lucia Maya, é uma criança que mostra em sua nudez a inocência desses seres nos quais ainda não se insinuou o mal, que ainda não foram contaminados pela experiência da vida, corpos puros daqueles onde cresce a vida intemporal. Para José Fors, o tema do "*anjinho*" tem afinidade com suas predileções necrofílicas. Em *Proibido chorar*, a criança parece estender-se mais sobre a maca do *morgue*[10] do que num caixão. Finas pregas em seu rosto anunciam a desintegração fisiológica, diante do fato devastador da morte.

Em *A santa inocência*, de Alejandro Colunga, e *O anjinho*, de Luis Vasolto, percebemos as preocupações plásticas muito pessoais que definiram suas produções artísticas. Vasolto nos oferece, com sua costumeira desenvoltura, a lembrança de funerais de crianças que testemunhou em Zapopan, a que acrescenta cães, animais que fazem parte do universo de sua pintura. Colunga, segundo sua tendência a dar novas significações com intenso conteúdo emocional à imajaria religiosa, subverte a cor convencional da inocência para nos oferecer seu lado obscuro nessa criança santa, que ainda desperta tantas devoções na catedral de Guadalajara e a quem se recomenda recorrer na hora da morte.

Olga Costa
Niño muerto. 1944.
Óleo/tela.
83,5 x 106 cm.
Col. Museo del Pueblo, Guanajuato.

[10] Em francês no original.

Anônimo
Niños Miguel José, Manuel Miguel María e Mariana Micaela Josefa. 1756.
Óleo/tela. 97 x 130 cm. Col. Museo Nacional de Historia, INAH.

A morte em uma sociedade africana

Charles-Henry Pradelles de Latour

Os ritos fúnebres testemunham ao mesmo tempo um universal da morte e concepções particulares próprias a cada sociedade. A descrição – inédita – dos primeiros funerais dos Peré de Camarões mostra, aqui, que a morte é persecutória e culpabilizadora, e a celebração dos segundos funerais, específica da área africana, indica como um morto personalizado é levado a tornar-se um ancestral impessoal, garantidor da estrutura parental. Os ritos fúnebres na África estão, assim, no fundamento da ordem social.

TARDE DA NOITE, durante a estação das chuvas, ressoam os gritos agudos das mulheres vindos do dispensário de Almé, e são ecoados por outras mulheres em diferentes pontos da aldeia, antes de se desvanecer rapidamente num silêncio pesado. Pouco tempo depois, ruídos de passos se aproximam e param a alguns passos de minha cabana redonda: *Soko, soko.* "Com licença, com licença." É a voz de meu informante que vem me advertir de que Diko, a terceira esposa de Garba de Sarkimata, acaba de morrer e será enterrada ao nascer do dia. Foi assim que, em março de 1988, tive ocasião de assistir aos ritos fúnebres dos Peré de Camarões, cuja principal característica é a de serem matrilineares. A descrição desses ritos vai nos permitir, em conclusão, precisar em que a concepção da morte nessa sociedade difere, sob vários aspectos, da nossa.

O enterro

Ao amanhecer, alguns homens não pertencentes ao clã dos Beemnim, o clã matriarcal de Diko, cavavam a tumba na terra úmida do cemitério. Um jovem, que achava que a fossa não estava suficientemente larga, curvou-se sobre ela. Um velho observou: "Não é a sua medida que conta, a menos que já queira nos deixar." O acesso de risos que se seguiu foi acrescentado de algumas brincadeiras que meu conhecimento deficiente da língua não me permitiu entender. Neste momento, um longo cortejo de umas cinqüenta pessoas, acompanhado de gritos, emergiu da neblina. Mulheres e crianças se detiveram a duzentos metros do cemitério, enquanto os homens, que seguiam a padiola, aproximaram-se a passos lentos. Na região peré, como em muitas outras regiões da África, a morte é assunto dos homens, e as mulheres que dão a vida devem ser mantidas à distância. Dentre os Goin do Burkina-Faso, por exemplo, é expressamente proibido a uma mulher grávida tocar num cadáver, do contrário ela morreria[1].

Os quatro homens que levavam a padiola sobre a cabeça deram quatro voltas em torno da tumba antes de depositar o corpo no chão. Quando o morto é um homem, os padioleiros dão apenas três voltas. Uma mortalha branca de pano cru, tecida com fios de algodão selvagem, recobria inteiramente o corpo de Diko. A beleza desse pano confeccionado tradicionalmente e comprado pelo clã materno de Diko contrastava com a pobreza dos tecidos nigerianos de fabricação industrial que os Peré vestem todos os dias. Njongo, um ancião da aldeia que representava os Boumnim, o clã materno do pai de Diko, aproximou-se de "sua filha", retirou-lhe a mão direita da mortalha, ali depositando quatro grãos de milho, e disse:

> Eis o milho que os "grandes" [os ancestrais] semearam em primeiro lugar. Tudo o que você encontrou nessa terra foi transmitido a nós pelos "grandes". Que o seu coração esteja claro. Se alguém a matou por feitiçaria, espete-lhe o coração com espinhos e o arranque. Não volte para perturbar os sonhos das crianças.

Em seguida, Njongo quebrou a cabaça em que Diko havia bebido pela última vez e disse:

> Aqui está sua água, não beba outras. Siga agora o caminho dos homens negros. Não tome o caminho dos macacos.

Diko recebeu, assim, os alimentos simbólicos, milho e água, que devolveu em seguida aos vivos. Os quatro grãos de milho, com efeito, foram dados num fragmento de sua cabaça quebrada a suas irmãs e às filhas destas, que os misturaram com outros para preparar a cerveja de

---

1 Michèle Dacher, "Le deuil du père en Pays Goin", em *Systèmes de pensée en Afrique noire*, caderno 9, 1986, EPHE, p. 81.

milho dos funerais. Um membro de Beemnim saiu do cortejo, aproximou-se da padiola, girou acima dela alguns galhos de ervas, lançando depois alguns deles em direção ao oeste e guardando os outros em seu saco. Os primeiros estavam liberados para acompanhar a alma de Diko ao mundo dos mortos, situado, segundo os Peré, num mais-além próximo ao sol poente, e os segundos conservados para consultar os adivinhos que deveriam determinar a causa de sua morte. Os coveiros puseram o corpo na tumba, dispondo por cima duas achas de madeira para protegê-lo, e cobriram tudo com terra. Antigamente os Peré eram enterrados com a cabeça para o sul, os homens deitados sobre o lado direito, com o rosto voltado para o leste, e as mulheres sobre o lado esquerdo, olhando para o oeste. Marido e mulher repousavam, assim, nas mesmas posições ocupadas em vida, em sua cama. Os coveiros colocaram pedras em torno do túmulo para delimitá-lo, e regaram-no com água para "refrescar" o excesso de calor provocado pela morte. Njongo, enfim, tomou a cabaça que servira para fazer a higiene mortuária e enterrou-a junto à tumba, do lado da cabeça. Garba, visivelmente aflito pelo falecimento da mulher, ajoelhado no chão, embrutecido, foi levantado em silêncio pelos amigos. Os Peré, que residem numa planície limitada pela fronteira da Nigéria, pertencem a uma sociedade composta por uns vinte clãs ou matriclãs, alguns dos quais divididos em vários subclãs exógamos[2]. Diko era do subclã Beemlanlê, do lado materno, e "filha do subclã Boumtoumi" por seu pai. Enquanto os membros de um subclã que partilham "as mesmas entranhas maternas" estão fora do tempo, ligados corporalmente entre eles *ad eternam* por identificação a um antepassado comum, os filhos do subclã "são engendrados" pelo clã de seu pai. Tudo se passa como se o clã da mãe fosse eterno e apenas o do pai estivesse submetido aos cortes da geração (nascimento e morte). Nesse sentido, as divisas do clã são particularmente significativas. Cada clã possui uma fórmula arcaica, tal que:

> Beemlanlê, a pequena vespa, picou minha antepassada, (e foi por isso que) ela tornou a subir o rio.

[2] Os Beemnim compreendem, assim, os Beembangourê, os Breemlanlê, os Beemnavarê e os Beemzanri, e os Boumnim, os Boumberfan, os Boumgounoubo e os Boumtoumi.

Essas divisas, que lembram, de maneira bastante enigmática, uma origem do clã, jamais são pronunciadas por seus membros; são proferidas, unicamente, pelos "filhos do clã", por ocasião dos ritos que acompanham o nascimento de uma criança e, na vida quotidiana, em seguida a um espirro violento ou depois de cometer um erro. Os filhos de clãs que são identificados de maneira puramente nominal ao matriclã de seus pais são, portanto, os únicos capazes, por seu estatuto, de pontuar o tempo que passa, entrecortado por rompimentos. De acordo com essa divisão entre os clãs materno e paterno, os membros de um matriclã unidos por contigüidade em "um só corpo" não têm o direito de tocar o cadáver de um dos seus, pois correriam o risco de se contaminarem, eles mesmos, por essa morte; por conseguinte, são os seus "filhos" que se encarregam de efetuar os ritos de separação. Tal é a razão pela qual a higiene mortuária e o sepultamento de Diko foram realizados, não pelos Beemlanlê, seus parentes maternos, mas pelos Boumtoumi, membros do clã de seu pai, do qual ela é "filha" ou, mais precisamente, aliada separada por uma geração. Os primeiros aliados de um Peré são seus parentes paternos, vindo em seguida os parentes de seu cônjuge.

Quando Garba voltou para sua aldeia, em Sarkimata (cf. o plano de Sarkimata, p. 59), Mamadou Kofa, filho da irmã do pai de Diko, um Boumtoumi, veio pendurar com quatro cordéis, à porta da casa de sua prima, uma cabaça contendo farinha de milho misturada com água fria. Este alimento não cozido e não temperado é, por excelência, a comida fria e insípida destinada à alma do morto, chamada de *foonigo*, que significa literalmente "a sombra do corpo". Mamadou Kofa cobriu essa cabaça (*leesin*) com um pano e amarrou em cima um ramo de mimosa púrpura[3], cujas folhas penugentas simbolizam, para os Peré, a relação geminada da alma com o corpo[4]. Mamadou Kofa, em seguida, amarrou em sinal de luto uma cordinha chamada *gim biilê*, "a corda do sofrimento", em torno do pescoço e do punho da filha mais velha de Diko. Djaouro, o decano dos Boumtoumi, deveria amarrar essa corda em torno do punho do viúvo, mas como não pôde estar ali, o próprio Garba o fez. Os Peré dizem que os viúvos também podem usar suas roupas pelo avesso, para

[3] Mimosáceas, *Parkia biglobosa*, (Joca) Benth.

[4] Essas folhas são também utilizadas nos ritos subseqüentes ao nascimento de gêmeos.

testemunhar sua contrição. Não é raro, na África, que os ritos do luto compreendam inversões tais como servir-se unicamente da mão esquerda e andar para trás. Os órfãos e os viúvos, cujos nomes estão freqüentemente associados na literatura religiosa, entraram então num período de abstinência (*giini*) durante o qual não se podiam sentar em nenhuma outra esteira que não a sua própria, escolhida suja e usada, para a ocasião. Em outras palavras, os enlutados não mais podiam participar de qualquer atividade ritual ou festiva, cantar, dançar, deslocar-se, nem ter relações sexuais. O tempo da sexualidade e o da morte devem ser rigorosamente separados.

Os primeiros funerais

Três dias depois do enterro de um homem, quatro dias depois do de uma mulher, os Peré celebram os primeiros funerais, chamados *mom werdi fiinri*, "a água jogada para refrescar". Naquele dia, numerosas pessoas, parentes e amigos, reuniram-se em Sarkimata. No fim da manhã, a alguns passos fora da aldeia, Djaouro cortou o *leesin*, coou a cerveja de milho, derramando-a sobre a estrada que leva ao cemitério e, dirigindo-se à alma de Diko, declarou: "Aí está a sua cerveja. Beba o que seu filho lhe dá". Depois, esmagou o *leesin* no chão com o pé. Esse último gesto de adeus à defunta foi saudado por gritos agudos das mulheres, que os homens se apressaram em calar. Djaouro cortou, em seguida, as cordas de sofrimento da filha de Diko, que foi se lavar no mato a fim de retomar sua vida normal. O período de luto é muito mais curto para os filhos do que para os viúvos e viúvas. Todos os assistentes voltaram, então, à aldeia, ao lugar onde haviam sido convidados, à sombra das árvores, para comer bolo de milho acompanhado de carne de caça e beber a cerveja de milho preparada em grande quantidade. Dezenas de jarras de vinte litros foram consumidas.

A tarde desses funerais foi dedicada ao que os Peré chamam de *Vanap muurê*, "a palavra de Deus", que seria melhor traduzir por "palavra da verdade".

Djaouro, o mais velho dos Boumtoumi, abriu a sessão nestes termos:

> É preciso agora que falemos antes de voltar para casa. Fui eu quem engendrou Diko, fui eu quem cortou o *leesin* para ela. Se um filho mata um búfalo, a maior parte da caça é de seu pai, logo, é o pai quem deve falar. [Depois, dirigindo-se a Garba, ele diz:] Explique-nos a morte da sua mulher. Se fosse o *gerem* [a força mágica associada aos instrumentos musicais secretos do clã] a tomá-la, ela não poderia ter sido transportada para o dispensário de Almé [pois seria morta ao atravessar o primeiro rio]. Teria ela caído de uma árvore? Uma cobra a teria mordido? Ou teria adoecido por causa da boca [metonímia significando a fala, e metáfora significando a feitiçaria]? Deus ama a verdade. Deve-se dizer a verdade. Gostaria de saber também se Diko tinha dívidas. Se tomou dinheiro de outros, isso é ainda mais grave do que se forem os outros que lhe devem.

Em princípio, a assembléia deve discutir inicialmente as causas da morte, que implicam sempre, de modo direto ou indireto, um feiticeiro, agente do mal; depois, faz-se o inventário das dívidas a serem pagas. Mas essa ordem preestabelecida é freqüentemente perturbada, pois o membro do clã do defunto que é, invariavelmente, suspeito de ser o assassino tende, com a ajuda de alguns cúmplices, a levar o debate para as dívidas financeiras, sempre mais fáceis de acertar. *Vanap muurê* é, assim, um lugar privilegiado onde os Peré se dedicam zelosamente a torneios oratórios que são muito complicados, uma vez que para acompanhá-los é necessário conhecer, não somente sua língua, mas também os diferentes tipos de enredo que ligam implicitamente os atores entre eles.

Garba tomou a palavra para responder à primeira elocução :

> Agradeço às pessoas que aqui vieram em tão grande número. Para nós, os Peré, quando morre um parente, os amigos deixam suas atividades para vir nos saudar. Era assim que os "grandes" [os ancestrais] faziam. As pessoas da administração [os brancos] não se preocupam com lutos: fazem como se isso não existisse. Agradeço a todas as pessoas que vieram de Malti e de Yalti [portanto, de longe]. Em Almé, senti vergonha [antífrase para "fiquei feliz"], pois havia muita gente no enterro de Diko, pobres e ricos, Peuls [isto é, estrangeiros]. Agradeço muito a todos aqueles que, apesar da chuva, assistiram ao sepultamento. É uma sorte que Diko tenha morrido na estação das chuvas [o frio é sempre melhor que o calor]. Nada mais tenho a dizer [de oficial]. Diko caiu doente depois de ter ido buscar água no rio para fazer

> germinar o milho e preparar a cerveja. Pensamos que o gênio do rio a tivesse levado, então apelamos para Damissa [o marido curandeiro da irmã de Diko]. Mas, ao vir a nossa casa para fazer *en yori* [o rito para apaziguar a febre provocada pelo rio], o próprio Damissa caiu doente no meio do caminho. Como Diko, que não pôde ser tratada, estava cada vez pior, nós a transportamos para Almé, onde ela morreu algumas horas depois de chegar ao dispensário da missão católica. Depois de voltar a Sarkimata, não cessei de indagar sobre as dívidas que minha mulher teria contraído. Mas ninguém ainda me disse nada. Se alguém souber de alguma coisa sobre este assunto, deve dizê-lo.

Garba é um muçulmano praticante, não gosta muito de entrar nessas histórias de feitiçaria. Todavia, ele não disse que sua mulher tenha morrido da doença de Deus. Logo, a suspeita continua ali. Ainda não se ousa falar abertamente sobre isso.

Djaouro retomou a palavra:

> Ouvi também dizer que havia muita gente no dia do enterro, e também eu fico contente. Se não houvesse adoecido, eu teria amarrado a corda do sofrimento. Mas como não vim você poderá retirá-la quando quiser. Todos sabem que você se dava bem com sua mulher. Que Deus acolha Diko. Deus não gosta da mentira.

Mamadou Kofa:

> Agradeço aos homens e mulheres que trouxeram farinha de milho. Todas as mulheres que dão milho dão-se bem com seus maridos. Se Diko fosse um homem, teríamos deixado no pátio sua lança e seu arco, e eu teria contado suas flechas, a fim de tomá-las e levá-las por ocasião dos segundos funerais (onde elas são dadas oficialmente aos filhos do defunto). Mas agora são as dívidas de Diko que contam. Se há pessoas que sabem algo sobre isso, devem falar. Se sentirem vergonha de falar, podem vir me sussurrar o que têm a dizer, e serei seu mensageiro.

Travou-se uma longa discussão entre diversas mulheres sobre algumas dívidas insignificantes deixadas por Diko. Mandioca comprada, mas não toda entregue, e um xale emprestado e não devolvido. Depois, surgiu a coisa. A "coisa um" é o que move as acusações de feitiçaria. Para compreender, pois, a intervenção que se segue, é preciso saber que, entre os Peré, os feiticeiros comem somente a carne dos parentes que pertencem ao seu clã, a quem estão ligados corporalmente. Quando uma pessoa morre, seu irmão, sua irmã, seu tio materno, até mesmo sua mãe podem ser acusados de tê-la matado pela feitiçaria para comê-la. A acusação atinge em geral uma pessoa egoísta que em várias ocasiões não se mostrou solidária com seu clã. O suposto feiticeiro de Diko era Nassourou, filho da irmã de Diko, que se havia zangado com o pai, Damissa. Mas, como Nassourou ainda era jovem e solteiro, a acusação foi desviada para Mohamou, irmão de Diko, amigo de Garba, cujos negócios não iam bem. A acusação de feitiçaria é muitas vezes causada por ciúmes. Como Damissa caiu doente no momento mesmo em que se prestava a tratar de Diko, a opinião geral pensou que Mohamou, Beemnim, contraíra uma aliança infernal com um Dagnim, o matriclã de Damissa. Mohamou teria dito a esse feiticeiro: "Não salve Diko, que quero comer, e em troca vou enfraquecer Damissa, que você depois poderá matar à vontade." Os Peré chamam a isso "uma troca de molho".

Mohamou, irmão de Diko, suposto feiticeiro, tomou a palavra dirigindo-se a Djaouro:

> Vou falar sobre este assunto, do qual já se falou pelas costas. Se volto a este ponto é porque disseram que os Beemnim e os Dagnim comem o mesmo molho. Damissa, você veio fazer *en yori* para uma pessoa, e logo depois a pessoa não está mais viva. Então, será que se pode dizer que foi alguém do clã de Diko que quis matar você, porque você queria salvá-la? Será que podem me responder a isso? Estão dizendo que Diko não morreu por causa do gênio do rio, mas por causa da coisa. Você, Djaouro, é a cabeça [o filho mais velho], e eu a entreperna [o caçula]. Se sua cabaça está quebrada, será que você vai quebrar a cabaça de um outro para consertá-la? Será possível fazer semelhante coisa? Minha irmã agora está morta, não quero odiar os outros. É só isso que tenho a dizer. Peço perdão a Garba, porque ele levou sua mulher até o túmulo. Que Deus acolha Diko.

Modorê, um representante do clã dos Dagnim, contra-atacou:

> O problema é, realmente, a doença de Damissa. Se meu tio materno caiu doente, é preciso que os Beemnim parem de mexer nessa história. Se é um Dagnim que o quer matar, posso compreender isso, mas até agora não vejo quem possa ser [os Dagnim não são muito numerosos]. Logo, são vocês os

> Beemnim que querem matar meu tio, e é você, Mohamou, quem o está matando.

Gimba, o chefe da chuva, o personagem mais elevado na hierarquia social tradicional dos Peré, levantou-se para concluir a fala:

> Modorê tem razão de advertir os Beemnim. Como Diko já está morta, vocês devem prestar atenção. Vamos ver agora. Se Damissa morrer este ano, é porque um Beemnim teve a ver com isso, mas se morrer no ano que vem terá sido coisa dos Dagnim. [Uma troca de molho implica mortes mais rápidas do que aquelas efetuadas pelos feiticeiros no interior de seu próprio clã.]

Quando Damissa morreu, dois meses depois, foi dito na sessão *Vanap muurê* que se seguiu a seu enterro que os funerais de Diko haviam terminado com uma acusação que não era verdadeira. Por uma inversão de situação própria à "coisa", foi Modorê, então, o acusado de haver matado seu tio Damissa, e a troca de molho não foi mais evocada. Esse gênero de acusação nos parece eminentemente arbitrário, mas devemos saber que a violência dos gestos raramente acompanha a violência das palavras. De fato, para que um feiticeiro seja realmente condenado, é preciso o acordo de pelo menos três adivinhos, consultados respectivamente pelos clãs materno e paterno do acusado, e por um terceiro neutro. Assim, já ocorreu que indivíduos pouco sociáveis ou pouco queridos fossem acusados de feitiçaria e maltratados até que morressem, mas este não é um caso freqüente. Depois de acusações veementes de feitiçaria, os Peré têm o hábito de se dividir e mudar de residência. É assim que indivíduos pertencentes a um mesmo clã se espalham um pouco por toda a parte nas diferentes aldeias. Depois desses funerais, os Peré dizem: *Baar naandi,* "o lugar foi varrido". Nós diremos: "limpou-se o terreno".

A suspensão do luto e os segundos funerais

O período de abstinência (*giini*) é suspenso três meses depois do enterro para um viúvo, e quatro meses depois para uma viúva. Naquele dia, Djaouro levou Garba ao lugar onde ele havia destruído o *leesin* de Diko. Ali, fez novamente uma libação de cerveja em memória da defunta, e cortou o *gim biilê,* "o cordão do sofrimento", que Garba levava no punho. Liberado dos interditos do luto, Garba foi para o mato lavar-se e trocar de roupa. Quando retornou, parecia um novo homem. De volta a sua aldeia, Garba sentou-se numa esteira nova, onde uma prima de Diko, uma Boumtoumi, veio tomar lugar a seu lado. Djaouro passou óleo de gergelim[5] em seu antebraço direito e pediu a Garba que tocasse com sua mão e seu pé direitos a mão e o pé esquerdos de sua vizinha. A partir daquele momento Garba passou a ter o direito de sentar-se nas esteiras de outros e de ter relações sexuais com Vakouma, sua primeira esposa. Se estes ritos não são efetuados, os Peré dizem que o viúvo ou viúva vai crescer desmesuradamente (em outras palavras, quando um indivíduo não respeita os costumes vira feiticeiro). Na fantasmagoria dessa sociedade, os feiticeiros são efetivamente representados sob a forma de gigantes[6], falando pelo nariz, que se reúnem exclusivamente para comer carne humana e o famoso "molho", ou seja, a preparação apimentada, a melhor parte do prato, que acompanha a carne e é comida com bolo de milho.

Os Peré costumam esperar pela estação seca seguinte ao enterro para celebrar, em honra de seu morto, os segundos funerais chamados *werperi mom*, "derramar–dar água", ou *wergen Vanabo*, "a aspersão (benção) de Deus". Por ocasião dessa cerimônia que reúne grande número de parentes e vizinhos, o decano do clã paterno do defunto côa e derrama cerveja sempre no mesmo lugar, sobre a estrada da aldeia que conduz ao cemitério. Ao fazer essa oferenda, o oficiante diz: "Aqui está a sua cerveja, faça com que nossas frontes se desanuviem". As mulheres aspergem (*werperi*) em seguida todos os assistentes com ramos de mimosa púrpura que foram mergulhados nas cabaças de água. Depois, serve-se bolo de milho e carne grelhada a todos os presentes que, para a ocasião, estão "sentados à beira da estrada". Esses funerais, terminados assim por uma boa refeição, eram celebrados antigamente apenas para os homens. Agora são também efetuados para as mães que deixam uma descendência. Depois desse rito, o morto acede definitivamente à categoria de ancestral. Torna-se um "grande", que poderá ser invocado por seus descendentes, seus filhos de clã e membros do seu clã. Em caso de infortú-

---

[5] Pedaliáceas, *sesamum indicum*, correntemente chamado "pau vermelho".

[6] Os "gigantes", que são feiticeiros, não devem ser confundidos com os "grandes", que são os ancestrais.

nio, os membros de uma família vêm sentar-se à beira da estrada para oferecer cerveja aos ancestrais e falar-lhes de todos os problemas que os afligem. Se pequenas aranhas brancas saírem da terra depois das libações, é um bom presságio, significa que sua mensagem foi ouvida. As aranhas, que se supõe descerem do céu com seu fio, são consideradas como sendo intermediários privilegiados entre o mundo de Deus e o dos homens.

A morte socialmente central

Os Peré, espalhados por uma planície que se estende ao extremo leste da província de Adamaoua, abaixo da reserva do Faro, são conhecidos nos escritos de viajantes e em mapas geográficos pelo nome de Koutine, que significa, em foufouldê, "os cães". No decorrer de sua história, os Peré foram perpetuamente capturados e trocados, como animais, para serem vendidos como escravos pelos Potoporê, inicialmente, e depois pelos Peuls até 1951. Os Peré, assim, jamais conheceram outro comércio além daquele dos homens, como testemunha sua língua. O termo *fiinro*, que significa ao mesmo tempo "comprar" e "vender", tem por substantivo *fiinê*, "o escravo". Quando assolados pela fome, os tios maternos, pais legais das crianças, podiam vender seus sobrinhos uterinos a fim de sobreviver, e quando os homens conseguiam acumular algumas reservas eram pilhados. Antigamente, contam invariavelmente as lendas dos subclãs, quando os Peuls vieram destruir a aldeia para levar os homens, duas irmãs conseguiram fugir para as montanhas com seus bebês nos braços, mas somente uma delas teve tempo de apanhar um bolo de milho. Quando o deu a seu filho, sua irmã mais nova pediu-lhe um pouco, para também alimentar o seu, mas a mais velha recusou. Então as duas irmãs se separaram. É assim que, entre outros, os Beemlanlê e os Beembangourê formam hoje dois subclãs distintos. Esse acúmulo de sofrimentos explica que os Peré não constituam uma sociedade muito estruturada e que seus ritos fúnebres sejam menos longos do que os encontrados em outras sociedades africanas. Ainda assim, essas cerimônias são suficientemente elaboradas para que delas se possa destacar um certo número de elementos significativos, próprios para demarcar sua função social.

Em primeiro lugar, existem nessa sociedade, como na maioria das sociedades africanas, diversas hierarquias classificatórias dos mortos.

Os ritos fúnebres reservados ao chefe da chuva, que tem a magia de fazer chover, e aos curandeiros, os *dugi*, que possuem um *gerem*, são muito mais desenvolvidos que os das outras pessoas. Os homens, no passado, beneficiavam-se de segundos funerais, dos quais as mulheres eram privadas. A diferença entre os sexos era assim fortemente acentuada. E ainda hoje, enquanto os funerais de homens e mulheres que tiveram filhos são realizados normalmente, os de adolescentes e crianças são excessivamente reduzidos. Os primeiros não têm funerais e as segundas, enterradas nuas com os corpos cobertos de ramos de mimosas, sequer são choradas.

Legenda do plano

Casas comuns
1 Entrada-vestíbulo, sala de reunião
2 Casa de passagem
3 Cozinha
4 Fábrica de cerveja
5 Redil de cabras

Residências do chefe da aldeia
6 Gorba (chefe da aldeia)
7 Vokouma (primeira mulher de Gorba)
8 Diko (terceira mulher de Gorba)

Residências dos filhos do chefe da aldeia
9 Baba (segundo filho de Gorba e de Vokouma) e Dasso (segunda mulher de Baba)
10 Kavéra (primeira mulher de Baba) e seus filhos
11 Boula (terceiro filho de Gorba e Vokouma) e Outiya (mulher de Boula)
12 Nassourou (filho de Gorba e de sua segunda mulher) e Wévéra (segunda mulher de Nassourou)
13 Néné (primeira mulher de Nassourou) e seu filho
14 Inwa (segundo filho de Gorba e sua segunda mulher)
15 Wanka (mulher de Inwa)
16 Filhos do primeiro casamento de Diko (terceira mulher de Gorba)

Residências dos meio-irmãos do chefe da aldeia
17 Hamadjam (meio-irmão solteiro de Gorba)
18 Sabana (outro meio-irmão de Gorba)
19 Bandou (mulher de Sabana)
20 Halamdou e Tonga (filhos da filha de Sabana)
21 Bassirou (filho mais velho do primeiro casamento de Diko, terceira mulher de Gorba)

Residências dos parentes uterinos do chefe da aldeia
22 Koma (mãe de Gorba)
23 Abinta (filha de Korma e irmã mais nova de Gorba)
24 Assana (segundo filho de Abinta e sobrinho uterino de Gorba)
25 Altini (primeira mulher de Assana)
26 Djoda (segunda mulher de Assana)
27 Abo (segundo filho de Abinta e sobrinho uterino de Gorba)
28 Avéra (primeira mulher de Abo)
29 Djouldé (segunda mulher de Abo)
30 Riskou (filho de um meio-irmão de Assana)

Plano de Sarkimata

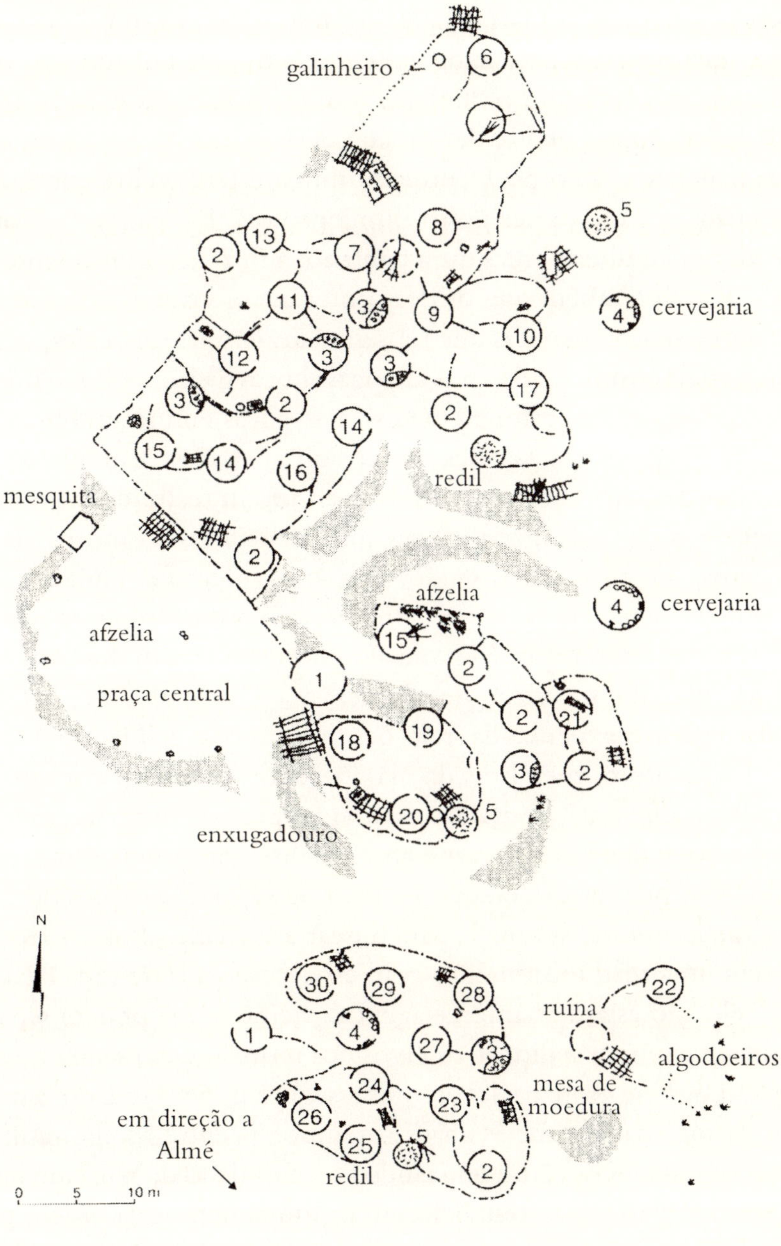

Logo, se em nossa sociedade a morte mais marcante é a das crianças, entre os Peré a morte de personagens importantes e de avós é considerada a mais perturbadora. Além disso, os Peré também reduzem os ritos fúnebres à expressão mais simples quando enterram um "mau morto", isto é, uma pessoa morta acidentalmente, atingida por um raio ou queimada por um incêndio na floresta, ou ainda falecida com os membros inchados ou com o ventre deformado pela ascite. Nesses casos, considerados maléficos, o corpo é enrolado numa esteira velha que é arrastada pelo chão, em vez de ser posto numa padiola, e o cadáver é enterrado, não em um cemitério, mas num pântano, a fim de ser vivamente "resfriado". Era ali também que os Peré enterravam vivas as crianças nascidas com apresentação pélvica, que representam sempre, para eles, um verdadeiro perigo cósmico. Se essas crianças sobrevivem, sem que numerosos rituais de reparação sejam efetuados, as crenças enunciam que o mundo vai virar pelo avesso e os leões vão invadir as aldeias. Em outras palavras, se os ritos de nascimento e de morte não forem realizados, o mundo dos homens e o da "selvageria" serão indiferenciados, como o são para os feiticeiros. Os ritos fúnebres são, pois, o momento em que a hierarquia cultural que separa os homens da natureza é ostensivamente reafirmada.

Em segundo lugar, é essencialmente por ocasião dos ritos fúnebres que as relações pacíficas de aliança matrimonial entre os clãs são revalorizadas, às expensas das relações tumultuosas de filiação internas aos clãs. Enquanto os membros do clã do defunto têm por encargo pagar a mortalha tradicional, as dívidas contraídas pelo defunto, as jarras de cerveja e a comida à base de carne amplamente consumida nos funerais, os aliados têm por função efetuar os ritos de separação e presidir à assembléia *vanap muurê*, agrupada para buscar a verdade. Porque os filhos de clãs têm uma relação simbólica com este, despojada de toda ligação corporal, eles são estatutariamente agentes pacíficos que podem separar sem rivalidade e sem brutalidade os vivos dos mortos, e em seguida a alma do corpo. Logo, se os matriclãs eternos asseguram, por seu lado, a continuidade da sociedade, cabe às alianças temporais entre os clãs ratificar suas descontinuidades que, diferenciando os sexos (lado do pai/lado da mãe) e as gerações (pai/filho), restabelecem os fundamentos da ordem parental.

Enfim, terceira observação, os ritos fúnebres dos Peré se desenvolvem, como em quase todas as sociedades africanas, em dois tempos distintos, pontuados por dois tipos de funerais, que têm por função, respectivamente, separar primeiro o morto dos vivos, e em seguida o ancestral do mundo dos mortos. Quando dos primeiros funerais, a morte perseguidora e a morte culpada ocupam amplamente a cena. As rivalidades despertadas pela ausência de um corpo ao mesmo tempo amado e odiado alimentam as crenças na feitiçaria, que têm justamente por função conferir aos conflitos uma expressão apropriada à sua natureza; as trocas econômicas, perturbadas pela desaparição de uma pessoa, são amplamente discutidas a fim de serem reequilibradas. Os primeiros funerais servem, assim, para destacar o morto dos vivos, referindo a causa de sua morte a um agente externo e liberando-o de suas obrigações recíprocas. Em contrapartida, os segundos funerais, que têm por função transformar um morto em ancestral impessoal, têm muito menos formalidades. Os participantes, refrescados pelas aspersões de água, reúnem-se essencialmente para manifestar seu respeito aos ancestrais e partilhar entre eles um banquete de reconciliação. Os ritos fúnebres asseguram assim uma progressão que consiste em fazer com que os enlutados passem de uma identificação corporal com o morto, fortemente carregada de perseguição e culpa, à veneração de um nome próprio que é progressivamente despojado de sua singularidade e subsumido sob o termo anônimo de "grande". Os Peré tornam-se, portanto, "grandes" quando são banalizados e secularizados, e tornam-se garantidores da ordem social quando não são mais que um ancestral entre ancestrais.

O tempo da morte, que suspende as atividades quotidianas, é pois um tempo forte, no decorrer do qual a prevalência da cultura sobre a natureza é reafirmada, as relações de aliança pacífica entre os clãs tomam a frente das relações turbulentas que ligam os membros de um mesmo clã, e os mortos banalizados reduzidos a um nome anônimo podem se tornar, a título de ancestrais, os representantes da lei. Assim, o tratamento ritual da morte desempenha, em diversos níveis, um papel central na constituição e reatualização da ordem social dos Peré.

Estátua do túmulo do duque Jean de Berry, falecido em 1416, obra do escultor Jean de Cambrai (Museu du Berry em Bruges). Fotografia de Jean-Claude Arnoux.

Este fora-de-série inscreve, em seu título, *Luto de criança,* uma das principais proposições feitas por Jean Allouch em *Érotique du deuil au temps de la mort sèche*: "O paradigma do luto é o luto da criança". Três ecos desse livro.

Françoise Jandrot-Louka coloca em evidência a fecundidade do método psicanalítico. Manter à distância o que se acredita saber (que o luto é um trabalho que visa colocar um novo objeto no lugar do desaparecido), decifrar letra a letra "o que é o caso", o que é para ser lido. Ela mostra como Jean Allouch produz uma escrita do "gracioso sacrifício de luto".

Michel Vovelle, como historiador, aborda a parte que liga o psicanalista ao movimento bem atual de "retorno dos mortos". A intervenção constituída pelo livro de Allouch o leva a se interrogar sobre as razões do sucesso atual do movimento de acompanhamento dos moribundos.

Laurent Cornaz se dedica a seguir a pista do luto como luto de criança. Apoiando-se na mitologia e nos rituais de sacrifício dos gregos, ele encontra as fontes da erótica do luto que as instituições sociais e religiosas se esforçam para atenuar. A busca filosófica aparece como uma negação desse luto da criança, que a psicanálise reencontra no *infans*, refém de seus sonhos.

Decifração do luto de criança

Françoise Jandrot-Louka

Ater-se ao método da Interpretação dos sonhos

Em 1984, a publicação do livro de Jean Allouch, *Letra a Letra*, inaugura uma série consagrada à experiência psicanalítica que reelabora por partes, por planos inteiros, o saber clínico. Naquilo que qualifica como "percurso clínico", ele redefiniu, com Lacan, a clínica, como uma clínica da escrita. Essa redefinição necessita de uma opção de método que se caracteriza pela seguinte posição de leitura: deixar-se enganar pelo escrito, aceitar, permitir que o escrito o leve pela ponta do nariz. Cada um dos livros publicados a partir de então irá aplicar e desenvolver esse método, que se baseia nas três operações de transcrição, tradução, transliteração, distinguidas e definidas pelo autor, e das quais a terceira, a transliteração, é propriamente seu achado.

Em 1993 o livro intitulado *Freud, et puis Lacan* [*Freud, e depois Lacan*] dá uma verdadeira problematização da articulação entre Freud e Lacan, que pode ser considerada como produzida pelo método estabelecido anteriormente. Hoje, a *Érotique du deuil au temps de la mort sèche* [*Erótica do luto no tempo da morte seca*] inscreve-se nesse trilhamento. Sob esse título, Jean Allouch apresenta um estudo importante e inédito, com mais de trezentas e cinqüenta páginas consagradas a uma análise crítica e a uma reproblematização do luto no campo freudiano.

A sociologia, a história e a literatura são convocadas para construir o que não se limita a uma discussão teórica, uma vez que o autor se propõe também a restabelecer o macabro em sua função de suscitar o desejo entre os vivos. Reproblematizar o luto provoca uma série de reações em cadeia no freudianismo. O objeto, a representação, a realidade, a alucinação, a realização do desejo, a questão da transmissão vão ser questionados nessa leitura que submete o texto de Freud a sua própria exigência. Ou seja, "Luto e melancolia" e outros textos de Freud são lidos sob o ponto de vista do método forjado por Freud, mas diante do qual ele pôde às vezes se distanciar, como o demonstra o presente trabalho. De Freud, essa reproblematização da questão do luto leva Jean Allouch a descobrir e a ler seu modo de tratamento no ensinamento de Lacan. Depois, com um exemplo literário, o autor estabelece que hoje o paradigma do luto é a morte da criança.

Três partes principais intituladas: "Luto e melancolia, luto melancólico", "O luto segundo Lacan intérprete de *Hamlet*" e "O luto segundo Kenzaburô Ôe", qualificados como "Estudos *a*, *b* e *c*", compõem classicamente o livro. Esse classicismo, porém, é quebrado por três séries de folhetos de cor cinza intitulados "Literatura Cinzenta I, II e III", antecedendo as três partes principais. Original na forma, essa literatura cinzenta o é também no nível de seu conteúdo. Produto de três anos de seminário, esse livro retoma o que constituiu a postura do autor. Trata-se, entre outras coisas, de relatos e de interpretações de seus sonhos e de pesadelos, surgidos no decurso desse período, e mantidos porque orientaram e deslocaram seu discurso.

Nossa leitura irá focalizar o que consideramos específico da via aberta por Allouch nesse trabalho de visada crítica. Ultrapassando essa dimensão crítica, surge uma verdadeira elaboração psicanalítica do luto.

A partir da página dez, o tom e o estilo são dados por essa frase espantosa,

> Porque um luto, como uma psicanálise, por essência, tem um fim.

Essa intempestiva "essência", que pôde nos irritar em uma primeira leitura, justifica-se, em seguida, com a demonstração clínica dos estudos *a, b e c*. Não podemos senão encorajar o leitor a superar, como tínhamos feito em várias ocasiões, as reações desencadeadas pela maneira lacaniana de esvaziar a evidência, promovida aqui por Allouch.

É importante insistir na posição de leitor do autor que aborda diversos textos de Freud com uma certa virulência. É justamente em nome da clínica psicanalítica e do método freudiano que ele é conduzido, na primeira parte, a recusar um certo número de teses de Freud. Com o apoio de R.S.I., ele pratica o que qualifica de "poda".

Em "Luto e melancolia" Freud abandona seu próprio método do caso e de sua particularidade, em benefício (desastroso) daquele do quadro comparativo oriundo da clínica psiquiátrica. Daí resultam importantes conseqüências; entre outras, essa versão do luto não pode valer como analítica: é médica e, a esse título, normativa. Jean Allouch acentua o destino particularmente paradoxal desse texto. A despeito das obscuridades que apresenta e dos mal-entendidos dos quais foi objeto, a versão do luto que ali é sorrateiramente introduzida conhece um sucesso imediato, que perdura. Como prova, o uso das expressões "prova de realidade", "trabalho do luto" e "objeto substitutivo" vale hoje como referência certa nos meios médico, psicológico, sociológico, geriátrico..., agentes prescritores do bom trabalho de luto.

O sociólogo G. Gorer e o historiador Ph. Ariès orientam as críticas histórico-sociológicas de Jean Allouch. Deixamos ao leitor o cuidado de descobri-las, para privilegiar aqui a leitura da fundamentação psiquiátrica de "Luto e melancolia". Ela é dada por Meynert e sua doutrina da alucinação, retomada por Freud, dá o quadro teórico à noção de exame, de prova, de comando da realidade. A noção de realidade em que se baseia a de "trabalho do luto" não sairá incólume da crítica de Allouch. Ele objeta a Freud que a realidade não pode mostrar ao enlutado que o objeto amado não mais existe porque, sob o ponto de vista da realidade, o morto não possui o estatuto do inexistente mas sim o do desaparecido que, como todo desaparecido, pode reaparecer. Essa reaparição, denominada *vivência* por Jean Allouch, não adquire no entanto estatuto de realidade e não se trata, nessa *vivência*, senão de um *jogo de signos*, no sentido que Lacan dá a esse termo. À noção de realidade, Jean Allouch opõe a de verdade que melhor presta contas da expressão "não é verdade" proferida por um sujeito e que teria:

> a importância de uma marca inaugural introduzindo o sujeito a seu estatuto de enlutado (p. 67).

Essa interjeição tem aqui um estatuto ambíguo no desenvolvimento do autor, porque ele cita Elisabeth Kübler-Ross para exemplificar suas afirmações, mas nessa passagem ela atribui justamente essa interjeição àquele que descobre a saída fatal de sua doença, que é então o morto em potencial, e não o enlutado. Essa ambigüidade não contradiz a análise do autor, mas acentua seu grande interesse pelo estatuto de cada um dos atores engajados (o morto faz parte disso) pela sobrevinda de uma morte em um caso que não pode se reduzir às dimensões psicológicas particulares e tabus que datam da Primeira Guerra Mundial.

A realidade freudiana e seu corolário, o objeto substitutivo

Em sua leitura de "Luto e melancolia" Jean Allouch destaca a palavra *Straüben,* que ele traduz por *arrepio,* que exprime a reação do enlutado à perda do objeto amado. Ele sugere mantê-la como conceito de Freud, pois o reencontra em "O homem dos lobos" e no sonho da "injeção de Irma", e nós o lemos em "Observações psicanalíticas sobre um caso de paranóia...". Esse termo desempenha um papel crucial na análise metapsicológica do luto. Posto que é o exame da realidade que provoca o "arrepio", o questionamento dessa realidade implica que se leve em conta esse "arrepio". Essa abordagem da realidade não resiste ao confronto com a célebre cena do filme de Marcel Pagnol, o jogo de cartas depois da morte de Panisse. Nenhum arrepio, mas

> César, vendo a cadeira vazia de Panisse, constata que seu amigo não mais existe, (p. 71)

escreve Jean Allouch, que propõe, com a formulação *constatar*, demarcar esse acontecimento localizável, produto de certas circunstâncias, onde a subjetivação de César está em jogo, no encontro dessa "não mais existência" de Panisse com sua cadeira vazia.

O estatuto da realidade (*Realität)* em Freud é o de um conceito ligado a outros, e por eles definido.

O reconhecimento de fato da inexistência do objeto no luto leva Freud a procurar dar conta da *existência psíquica* do objeto na melancolia, distinta do luto. Jean Allouch descobre que o artigo de Freud não apresenta duas maneiras de arrepio, uma para a melancolia e outra para o luto, mas sim três. A terceira é a da *psicose alucinatória de desejo* (P.A.D.)*,

* No original, *psicose hallucinatoire du désir*, P.H.D., que passaremos a referir pela sigla P.A.D. (NT)

de Meynert. Freud apenas a menciona em "Luto e melancolia" e remete a seu artigo contemporâneo "Complemento metapsicológico à teoria do sonho". Essa P.A.D., objeto qualificado de curioso por Jean Allouch, é necessária a Freud para tratar da perda do objeto que suscitaria dois modos de arrepio. Saídos do registro da libido de objeto, aquele que provocaria o desvio da realidade corresponderia à P.A.D. e o que a respeitaria, daria, por um lado, a depressão obsessiva e, por outro, o luto normal. Mas *quid* da melancolia? Constituindo-se a escolha do objeto melancólico com base numa incorporação do objeto, a melancolia testemunha outra libido, não a libido de objeto, mas a libido narcísica. Não pode então servir a Freud para tratar da *prova da realidade* e da *inexistência do objeto* no luto uma vez que a P.A.D. se oferece para essa construção.

Apoiando-se em G. Lanteri-Laura, Allouch pesquisa essa P.A.D. Ele localiza um *fato de escrita* no texto "Complemento...", onde Freud não coloca aspas em uma observação de Meynert, que ele retoma assim por sua conta e que frisa seu embaraço na construção de sua evanescente P.A.D.. Discípulo de Esquirol, Meynert concebe a alucinação como uma *percepção sem objeto.* O sonho é uma *amentia* transitória e a *amentia* tem o estatuto de um sonho acordado. Esses fatos de doutrina são tomados por Freud como fatos clínicos, que ele adapta à sua necessidade. Essa adaptação é qualificada de abusiva por Jean Allouch, que observa nesse ponto uma torção de Freud em seu próprio método. Este último baseia-se na possibilidade de que a doutrina se deixe questionar pela clínica. Enquanto que para Meynert não há nem trabalho de pensamento nem realização de qualquer coisa no sonho, para Freud, mesmo que certos sonhos apresentem essa ausência de trabalho de pensamento, comportam porém uma realização de desejo pela entrada em jogo da alucinação. Esse apoio em Meynert é julgado fundamental por Allouch, que escreve que Freud passa ao largo de um encontro histórico, ignorando a distinção clínica primordial introduzida por seu contemporâneo francês Seglas que, com o modelo da afasia, diferençou as alucinações verbais das alucinações psico-sensoriais.

O estudo da relação de objeto pela P.A.D. não coloca Freud na posição de poder dissociar, ao nível de sua *representação de coisa,* o elemento perceptivo do elemento linguajeiro, elementos perfeitamente distintos nos dois tipos de alucinação reconhecidos por Seglas.

No prosseguimento de seu minucioso exame da natureza da relação de objeto na teoria freudiana da satisfação que permite a realização do desejo, Jean Allouch introduz a expressão *ponto de mimesis*. Esse *ponto de mimesis* atua na obtenção da satisfação onde a percepção da imagem do objeto, de sua impressão, vale pelo objeto. Esse ponto freudiano de identificação da forma na relação de objeto será deslocado por Lacan até o nível da constituição do eu (*moi*). O narcisismo, situado por Freud no objeto, desloca-se no eu (*moi*), com Lacan. Sublinhemos com o autor esta nova confirmação da precisão de sua articulação Freud/Lacan cuja efetividade indicávamos acima nesse livro.

Uma outra repercussão do apoio psiquiátrico tomado por Freud no nível da alucinação se lê em "Complemento...". Nesse ponto, a questão de Allouch se concentra na *apresentação plástica*: será ela a apresentação? Com a noção de *regressão à coisa* apresentada como equivalente à regressão tópica, Freud introduz uma ambigüidade quando escreve que, no sonho, o conteúdo de pensamento se torna consciente como *percepção sensorial*. Trata-se de uma regressão da coisa em si mesma, ou de uma percepção da coisa, interroga-se Jean Allouch, para quem Freud escamoteia o problema fechando o debate com a entrada em cena da *regressão à alucinação*. Situando a experiência de sonho como fato de escrita, a *Traumdeutung* testemunhava contra o onirismo, mas com a regressão à alucinação que mantém a coisa e sua miragem, reintroduz-se, ao nível da realização do desejo, o que o fato de escrita tinha descartado.

> Há aí uma antinomia que Freud não percebeu porque o pensamento da representação baseia-se em seu desconhecimento. (p. 90).

A definição de alucinação, antes de Seglas, como *percepção sem objeto*, situa o objeto ao nível de sua representação mimética, de sua marca gestáltica. Visto que, no "Complemento...", a regressão tópica, a regressão à coisa e a regressão à alucinação são consideradas equivalentes, na P.A.D. a alucinação do objeto constitui a realidade do objeto que desencadeia a experiência de satisfação. No nível da realização do desejo, no sonho, na seqüência de seu questionamento da noção de representação, Allouch se pergunta como se efetua a passagem dos elementos de escrita por rébus em representação impressa. Ele não encontra a resposta em Freud, que não esclarece bem esse ponto. Freud não dispõe da distinção lacaniana entre o simbólico, o imaginário e o real. Com RSI, Lacan vai afirmar uma outra realização do desejo no sonho, que não é mais o objeto alucinado com o qual o desejo se satisfazia, em Freud. É aplicando o método freudiano, com a análise de um sonho, que Jean Allouch responde à questão: como, segundo Lacan, o desejo se satisfaz, no sonho?

É o sonho original, o da "injeção de Irma", que expõe a recusa lacaniana da regressão tópica e do lugar da função atribuída à percepção nos esquemas do aparelho psíquico de Freud. Com o exame da mudança de estatuto do figurativo de Freud a Lacan, a teoria da transliteração, de Allouch, encontra sua justa expressão. Em Freud o figurativo participa do perceptivo; em Lacan, não. Com a distinção feita por Lacan no sonho, entre o que se origina do eu e o que concerne ao inconsciente, a realização de desejo perde seu estatuto alucinatório imaginário porque aparece como fato de escrita, tendo acesso assim ao estatuto de realização simbólica.

> Lacan vem assim então situar um termo puramente simbólico, onde Freud alojava a alucinação. (p. 105).

Por sua distinção entre os registros do imaginário e do simbólico, a via da realização do desejo no sonho passa pela letra, definida como sem sentido, destacada do objeto. Essa letra não é mais a letra imagem do objeto, da teoria de Freud.

A teoria da representação freudiana não pode sustentar sem antinomia a oposição sobre a qual se constrói "Luto e melancolia", a propósito do objeto, entre desviar-se da realidade ou respeitar a realidade, visto que ela só lida com um objeto imagem.

Um corolário da teoria do objeto característica do luto freudiano, seu caráter substitutivo, não resiste à crítica de Allouch.

De onde vem esse objeto substitutivo? Dos "Três ensaios sobre a teoria do sexual", em que Allouch situa o forçamento efetuado por Freud, passando da expressão *a pessoa da qual provém a atração sexual* (*die geschlechtliche Anziehung*) ao *objeto sexual* (*das sexual Objekt*). Com essa mudança, o objeto freudiano se encontra desprovido de qualquer função de suscitação de desejo, o que facilita a substituição.

A crítica de Allouch encontra-se aqui particularmente viva:

> A tese freudiana da substituição de objeto é a mais abracadabrante jamais proposta nesse particular, é o supra-sumo da versão romântica do luto porque, apesar da morte, além da morte e, portanto, na morte, promete a cada um a felicidade de novo encontro com seu objeto, não no vazio de um lugar qualquer extraterrestre mais ou menos espiritualizado, porém no concreto da satisfação pulsional carnal! (p. 129).

Sempre na mesma posição crítica, em nome do método freudiano, Allouch não hesita em tirar conclusões desses achados. Nos "Três ensaios..." a dissociação entre a pulsão sexual e seu objeto não se apóia na clínica de Freud mas na *clínica da perversão* que acaba de ser forjada em condições contestáveis. O objeto substitutivo tem um estatuto de objeto fetiche; a teoria freudiana do luto é dita uma *per-versão**, perversamente orientada em sua apresentação. Esse último ponto designa a função de desmentido atuante em Freud por ocasião da morte de sua filha Sophie, embora ele pretenda, em sua correspondência com Ferenczi, ter permanecido o mesmo. A escrita de "Além do princípio de prazer" testemunha, contra ele, a sua modificação e dá estatuto de desmentido a essa apresentação. Uma nova ilustração da função operatória da tese defendida por Jean Allouch em "Freud deslocado" lê-se no modo de tratamento da compulsão de repetição, por Lacan. Esse último aí reunindo o simbólico e a morte, a extrairá do registro imaginário da recordação. Assim esse...

> estatuto simbólico que Lacan dá à repetição fixa o efeito da morte de Sophie em Freud. (p. 146).

O estatuto do objeto de amor não é o do objeto fetiche, não é o objeto da recordação, mas o da repetição simbólica, aquela para a qual o que conta é justamente a conta. A conta da pura diferença, irredutível a qualquer operação de substituição.

Ler o luto com o "mínimo de desejo"

Aplicando-se o método, definido à página cem com a nota cento e dois, que consiste em supervalorizar a leitura de Freud, Allouch terá,

---

* No original, *père-version,* que em tradução literal seria versão do pai. (NT)

contrariamente a Lacan, abordado frontalmente "Luto e melancolia". Não estando hoje, nem com o problema nem no lugar de Lacan lendo Freud em 1955, nossa leitura de Freud pode se focalizar nos pontos recusados por Lacan.

> Nós nos fazemos de bobos em relação ao recorte lacaniano operado em Freud, porém para acentuar, de outra maneira, o recusado, para levar o que era recusado à dignidade daquilo que deve prevalecer. O mais notável é então um curioso e inesperado resultado: isso nos permite ler Lacan! (p. 100).

A recusa do objeto substitutivo leva Jean Allouch a problematizar o luto em função do caráter absolutamente único e insubstituível de qualquer objeto.

Como se constitui porém o objeto? É com Lacan que essa pergunta prévia se encontra aqui deslocada.

Nessa segunda parte, dedicada a Lacan leitor de *Hamlet*, Allouch se engaja tanto quanto na primeira, mas de maneira mais filtrada. Ele não mantém a mesma relação com Lacan. Desse ponto de vista, parecer-nos-ia mais justo intitular essa segunda parte: *Com Lacan intérprete de Hamlet, uma teoria do luto segundo Allouch.*

Com *Hamlet*, escreve Jean Allouch, Lacan fará valer sua inédita versão do luto. Não nos ateremos às inovações de Lacan em relação ao texto freudiano nem às referências aos trabalhos sobre *Hamlet* desenvolvidos nesse estudo, para podermos nos dedicar à elaboração do autor, incluída em sua leitura do seminário de Lacan.

É com a interpretação da procrastinação de Hamlet que Lacan introduz a função do luto de Ofélia. Jean Allouch discute a construção de Lacan feita a partir da decomposição da peça em cinco cenas determinantes na suspensão da procrastinação. As referências ao método, sublinhadas no primeiro estudo, são reencontradas nesse segundo. São concernentes à leitura das sessões do seminário *O desejo...*, focalizadas em Hamlet e não podem ser lidas sem um mínimo de desejo. Essa maneira de ler, qualificada em *Letra a letra* como *ler com o escrito*, vale para o próprio Allouch. Contrariamente ao que se subentenderia por uma leitura histórica de Lacan, que se ordenaria pela cronologia e levaria em consideração o início de formalização do grafo produzido no ano precedente, Allouch escreve:

> [que] sob qualquer lógica a leitura de *Hamlet* vai permitir a Lacan compor seu mínimo de desejo. (p. 203).

De maneira mais discreta, Allouch permanece numa posição crítica em relação ao texto estudado e adianta uma primeira contestação da interpretação lacaniana. Essa contestação incide sobre as conseqüências da intervenção do espectro. Hamlet teria recebido diretamente a mensagem transmitida naquele momento; Allouch não se convenceu disso e observa um período de dúvidas consecutivo ao famoso encontro com o espectro, que só cessará com a intervenção da cena na cena. Hamlet não sabe então, imediatamente, o saber que lhe é revelado. Qual é, porém, o estatuto desse saber?

> Segundo Lacan, um saber adquirido em mensagem não é verdadeiro de verdade mas "verdadeiro falso", verdadeiro irremediavelmente falso (no sentido musical e não apenas lógico desse termo). (p. 217).

A procrastinação torna manifesto o problema do desejo. Com o mínimo e segundo a hipótese de Allouch - de que ele é homólogo à articulação do desejo - as condições necessárias à saída da procrastinação tornam-se articuláveis. O luto intervém em um lugar muito preciso na composição desse mínimo cujo percurso é interrompido em S ($\not{A}$).

A cena de rompimento com Ofélia acarretou uma modificação na estrutura imaginária da fantasia de Hamlet. A fantasia, afastada, não lhe serve mais de apoio para manter seu desejo diante de Gertrudes. É então no lugar da fantasia que esse mínimo se recompõe com a suspensão da procrastinação intervinda na cena do cemitério.

> Como a recomposição da fantasia de Hamlet seria possível, por ocasião dessa cena, se justamente é a separação de Ofélia que a desmembrou? (p. 234).

Reencontramos aqui a problemática da constituição do objeto. Ofélia morta, como essa morte opera ao nível do desejo de Hamlet? A expressão de Lacan *a via do luto,* introduzida na sessão de 18 de março de 1959, orienta Allouch na leitura dessa passagem confusa, que define um luto assumido. Duas possibilidades de leitura são aqui propostas com a escolha, capital sob o ponto de vista doutrinário, da primeira. Vejamos primeiro a que não é escolhida por Allouch, que situaria o luto no registro narcísico do eu. Lacan, nas sessões de 18 e 22 de abril, dá um certo número de indicações que poderiam situar o luto no registro imaginário. A propósito da relação entre Hamlet e Laerte ele evoca o estágio do espelho; Laerte está no lugar de semelhante para Hamlet. A expressão *ciúme de luto* que caracteriza a reação de Hamlet à insuportável ostentação do luto de Laerte não pode ser mantida por Jean Allouch. Ele não rejeita entretanto a presença do registro imaginário no luto. Com efeito, a identificação imaginária funciona aí, porém em outro momento no percurso subjetivo do enlutado; produz-se antes do fim do luto. A análise de um conto de Kenzaburô Ôe exemplifica particularmente bem esse ponto delicado, na terceira parte. A leitura do luto assumido situa-se no registro simbólico. Apóia-se na presença da transliteração na cena do cemitério. O autor a apresenta assim:

> o desenho de Laerte abraçando fortemente o cadáver de Ofélia teria o valor de uma escrita ideográfica de ($\$ \lozenge a$), seria uma transliteração. Essa transliteração funda, com razão, o que nós até agora apresentamos como uma homologia entre o mínimo e Hamlet: ela seria (daí a importância do "quadro") sua razão comum. Seu estatuto seria idêntico ao de nomes próprios em uma decifração, ao mesmo tempo chave para leitura e ponto de contato entre essas duas escritas. (p. 236).

Vamos constatar essa chave de leitura e prosseguir no que aparece aqui como uma inédita teoria do luto, formulada com a precaução do condicional, pelo autor.

Essa chave de leitura intervém de novo, com a inscrição do falo no mínimo *em toda parte onde esteja a barra.* A barra assume valor de dêitico, dêitico bem particular uma vez que designa um significante não apenas oculto mas também não localizável. Sem explicações, Allouch introduz aqui uma quimera:

> Esse falo seria um *significante-objeto* [nós sublinhamos], a ser procurado em um lugar designado por um puro dêitico. (p. 237).

Esse "significante-objeto", que qualificamos de quimera, reencontra um estatuto mais habitual (mesmo se permanece uma noção difícil) quando o autor fala de sua ambigüidade, duplo estatuto de objeto e de significante do falo e anuncia que essa ambigüidade

> será parcialmente esclarecida, senão abandonada, em prosseguimento, quando Lacan lerá a fórmula ($ ◊ a). (p. 240).

Allouch situa, mas não desenvolve, uma das conseqüências dessa operação de escrita desse dêitico que subtrai o falo do modelo funcionalista e torna contraditória a expressão "função fálica" com o conceito de falo assim definido. Numerosas outras questões de mesma importância encontram-se nas trezentas e cinqüenta e sete páginas desse texto.

O falo, objeto sacrificado do luto

A noção de sacrifício, fundamental na teoria do luto do autor, aparece na sessão de 8 de abril de 1959. Aqui ainda, seguimos de perto a apresentação desse termo "sacrifício". Este não tem, para Lacan, nem para Allouch, a visada do sacrifício propiciatório, a entrada em funcionamento do Outro exclui essa acepção. Com efeito, o Outro não devolverá nada ao sujeito em resposta ao sacrifício que este lhe faz. A perda ocorrida em tal sacrifício é uma perda seca.

Na sessão de 15 de abril, a referência à substituição reaparece, porém com outras coordenadas diferentes das de Freud. Na reconstituição da fantasia de Hamlet, consecutiva à cena do cemitério, Ofélia, como objeto *a*, vem no lugar de Φ. Allouch ressalta que a "pseudo-inscrição" do falo em dêitico sobre o mínimo torna dificilmente compreensível essa operação de substituição. Não se trata, como na metáfora, de substituir um significante por um outro. Aqui, o objeto *a* substitui, na fantasia, um elemento caracterizado, entre outras coisas, pelo brilho de sua presença/ausência, esse brilho fálico que beneficiaria o objeto *a* e participaria de sua constituição como objeto de desejo. No momento da cena da rejeição de Hamlet, Ofélia não é mais um pequeno outro imaginário em lugar de falo; ela se torna o falo e é sob esse título que Hamlet a maltrata.

Allouch pesquisa como intervêm a morte e o luto por Ofélia no procedimento da substituição por *a* do Φ. Ao nível do mínimo, a fantasia é a resposta ao *Che Vuoi?* associando o $ simbólico e o pequeno outro imaginário. Uma operação é necessária para fazer passar o objeto *a* ao estatuto do objeto no desejo. Ressaltamos esse *no*, que introduz uma diferença entre as expressões "objeto do desejo" e "objeto no desejo".

Essas duas formulações, utilizadas por Lacan e retomadas por Jean Allouch, não são equivalentes, mas essa distinção não admite comentários.

Até a cena do cemitério, Ofélia não é tomada por Hamlet como objeto pequeno outro de sua fantasia, o objeto no seu desejo. A operação de composição da fantasia se efetua com o luto. Por essa operação Ofélia tem acesso ao lugar de objeto no desejo. O real participa dessa composição. É pois enquanto objeto impossível que ela se torna o objeto *no* desejo de Hamlet. A citação da sessão de 22 de abril, feita aqui por Jean Allouch, parece-nos incorreta porque seria possível escrever aqui *no* como acabamos de fazer, e não *de*.

> É, de alguma maneira, na medida em que o objeto de seu desejo tornou-se um objeto impossível que se torna outra vez, para ele, o objeto [no] seu desejo. (p. 245).

Desse objeto impossível Allouch distingue três versões. Para introduzir a primeira, procede a uma nova indicação metodológica. Fiel ao método freudiano, Lacan preferiu modificar o saber referencial em relação ao obsessivo em vez de a ele submeter o caso. Assim, o ponto de impossibilidade da relação de objeto de Hamlet torna-se um traço estrutural do desejo como tal.

> Um pequeno outro torna-se objeto de desejo se, e apenas se, for tomado enquanto objeto impossível. (p. 247).

A segunda versão da impossibilidade do objeto remete à experiência do luto. O objeto libidinal aí adquire uma existência absoluta, é um objeto fundamentalmente perdido porque é um objeto sem correspondência. Também na terceira versão esse objeto sem correspondência designa, sob o ponto de vista topológico, o lugar do furo no real. No luto o furo é real. Um parentesco entre a psicose e o luto, introduzido por Lacan que utiliza o termo "parapsicose", é aqui retomado. Parentesco, mas também diferença, entre a foraclusão e o luto. Na foraclusão é com um furo simbólico que o psicótico lida. No luto todo o simbólico é convocado pela abertura do furo no real. Outra diferença: o significante foracluído é único em cada caso, enquanto no luto tratar-se-á sempre, sob diversas formas de literalidade, do significante fálico. Toda a problemática do luto se manifesta no simbólico com a perda do significante fálico. Na opção de leitura de Allouch o trabalho do luto é um trabalho simbólico que produz um ponto de dessubjetivação formalizado com a seguinte escrita: $\Phi = -\Phi$. O $-\Phi$, primeiro passo do luto, não é suficiente para a saída do luto. Hamlet, desde a cena do cemitério, deu esse primeiro passo; resta-lhe dar o segundo, o de sua resolução pela perda do falo. Essa perda particular, trata-se de um sacrifício; não é adquirida automaticamente pela convocação do falo. Como então esse ato de sacrifício põe fim ao luto? A problemática do sacrifício está associada ao luto a partir da ligação restabelecida por Lacan entre a problemática do luto e o Édipo. Como conseqüência, a castração não é mais a operação final da subjetivação.

> Trata-se de dizer a razão pela qual a subjetivação se efetua além da castração, graças à operação chamada privação. (p. 253).

Hamlet, simbolicamente castrado, não sai da procrastinação. Falta uma condição para o segundo passo que o luto efetuará com o sacrifício. O sacrifício vem castrá-lo em seu *ser*. Ressaltemos aqui essa palavra "ser", ponto importante na teoria do sacrifício de Allouch, palavra muito empregada por Lacan em suas sessões de seminários e retomada pelo autor, e exprimimos nossa surpresa com o fato de que as conotações filosóficas agregadas ao termo não tenham sido aqui interrogadas. Essa operação sacrificial distinta da castração chama-se privação. Ela se realiza, para Hamlet, pelo sacrifício de Ofélia enquanto Φ. O falo sacrificado eleva Ofélia ao estatuto de objeto no desejo de Hamlet. Encontramos novamente essa expressão *objeto no desejo* resultado da operação da privação.

> [Esse] objeto no desejo que é, segundo Lacan, o da fantasia, aparece sob os fogos cruzados do simbólico, do real e do imaginário. (p. 254).

A resposta à questão conclusiva do primeiro estudo, "como o objeto se constitui?", encontra aqui a resposta:

> É um luto essencial, o luto do falo, que constitui o objeto no desejo. (p. 255).

Esse luto é a via de constituição da relação de objeto. Porém, como começamos a compreender, não é suficiente perder o objeto; um sacrifício radical é aqui exigido. O sacrifício de algum ser fálico convocado no lugar do furo no real ocasionado pela perda de alguém. Dito de outra maneira, esse ser fálico sacrificado é uma perda seca.

> O sujeito terá então perdido não apenas alguém mas, além disso, mais ainda, mas em suplemento, um pedacinho de si. Escrevemos esse: $\not{S} \cong -(1+a)$. (p. 257).

A importância das noções de sacrifício e de falo, e de seu composto, "o sacrifício do falo", justifica numerosos desenvolvimentos. Se "o sacrifício do falo é inicialmente sacrifício do luto", como se constitui o falo enquanto objeto e como tal, sacrificável? A resposta é trazida pelo exemplo de Ofélia.

A função fálica é uma função "com duplo fundamento", duplo fundamento que se encontra ao nível dos dois sacrifícios de Ofélia. No primeiro sacrifício, por ocasião da rejeição, Ofélia é identificada ao falo, não é mais um pequeno outro imaginário. Esse sacrifício comporta porém um resto ressaltado por Jean Allouch. Designando o convento a Ofélia, Hamlet não a rejeita tão radicalmente como o pretende. O sacrifício do cemitério é sem saída, sem esperança de retorno. Nessa cena,

> vindo no lugar do falo, ela não é sem o ser (como o bufão sentando-se um instante no trono não é sem ser o rei), mas essa modalidade de ser é distinta daquela em causa quando ela se encontrava rejeitada como falo. (p. 275).

Um gracioso sacrifício de criança

Essa perda seca, sem resto, que manifesta o sacrifício do falo é elevada ao estatuto de "gracioso sacrifício de luto".

Essa nova problematização do luto, desde "Luto e melancolia", da qual temos seguido os diferentes tempos de elaboração, encontra-se admiravelmente ilustrada no estudo *c*, com o romance de Kenzaburô Ôe, *Agwii o monstro das nuvens.*

A literatura cinzenta caracteriza-se não somente pela cor das folhas mas também pelo estilo. Remete ao diário de campo dos antropólogos que ali relatam tanto os fatos quotidianos quanto as reflexões metodológicas ou as novas formulações de hipóteses. Aqui, esses relatos escritos na primeira pessoa contam os tempos e os lugares sucessivos onde será elaborada a fábrica teórica. A descrição dos sonhos, sua interpretação mas também os diferentes lugares de endereçamento do seminário, se descobrem como espaço da produção do saber problematizado nas partes brancas.

É assim que a descoberta do luto como perda, não somente de alguém, mas de alguém mais um pedacinho de si próprio, vem da análise de um pesadelo. É novamente a partir de um sonho ocorrido no decorrer de um seminário na Argentina que Jean Allouch descobre que a abordagem do luto que ele efetuara a partir da morte do pai, o seu, deslocara-se para a morte da criança, sua filha.

Em seus relatos de sonhos ou de acontecimentos do quotidiano, não se trata de revelar elementos de uma autobiografia, mas sim de aplicar o método introduzido por Freud na *Traumdeutung*.

O conto de Kenzaburô Ôe descoberto nesse momento de seu percurso chegou bem a propósito para exemplificar a teoria do luto como sacrifício gracioso e a morte da criança como paradigma do luto moderno.

A retomada da tese de Lacan no livro *Marguerite ou a Aimée de Lacan* já tinha levado Jean Allouch a admitir que uma criança morta podia constituir o âmago da loucura para muitos e que essa loucura deveria ser encarada como efetuando o percurso do luto.

O romance de Ôe se apresenta como esse percurso subjetivo que produz a *efetuação* do luto. Desde a Primeira Guerra Mundial a evolução sociopolítica de nossa sociedade modificou o lugar dos mortos e dos rituais para os acompanhar. A morte do pai, eleita por Freud como referente do luto, não é mais operatória hoje, tempo da morte seca.

Com a perda de um filho, o enlutado não perde apenas um ser amado com o qual teve um passado comum, mas também, e sobretudo, tudo o que potencialmente o filho teria podido lhe dar, se tivesse vivido. É essa dimensão da não-realização de uma vida, da vida do filho, que leva Jean Allouch a propor o seguinte teorema:

> A medida do horror, no enlutado, é função daquela da não-realização da vida do morto. (p. 317).

Não são então as recordações dos acontecimentos do passado que orientam um luto, mas sim o que a morte traz de definitivamente não realizado, no morto. Essa dimensão de não-realização é o próprio objeto do belíssimo romance de Ôe, do qual Jean Allouch nos propõe uma leitura teórica que rearticule os diferentes pontos abordados nas partes precedentes.

O retorno dos mortos

Michel Vovelle

A REFLEXÃO que aqui proponho inscreve-se no prolongamento de um debate, para mim bastante enriquecedor, organizado sob a égide da EPEL, por ocasião do lançamento de duas obras, *l'Erotique du deuil au temps de la mort sèche,* de Jean Allouch e *Ni pleurs ni couronnes,* precedido por "Pornographie de la mort", de Geoffrey Gorer, um clássico dos anos 60 que Hélène Allouch traduziu e para o qual fiz, como historiador da morte, um prefácio introdutório.

Fiquei surpreso, no decorrer do debate, com uma seqüência não de todo inesperada, mas também não programada inicialmente, sobre o tema da apreciação que se pode fazer do desenvolvimento atual das unidades de cuidados paliativos, e a significação destas. Jean Allouch não tinha muito apreço por elas.

Uma constatação, que formulo talvez de modo um pouco grosseiro, impôs-se a mim: alguns "psi" não gostam nem um pouco dos procedimentos adotados pelas unidades de cuidados paliativos, se não em seus aspectos médicos, ao menos em sua dimensão de acompanhamento aos moribundos. Se afastarmos, de saída, a suspeita desagradável de que eles compartilham do clima de hostilidade mais ou menos latente que subsiste em uma parte do corpo médico no que se refere aos atendentes, que se ocupam do que não lhes compete, há aqui, à primeira vista, algum paradoxo - seria de se esperar, talvez, maior simpatia por parte de analistas que durante muito tempo tiveram eles próprios muito trabalho para se impor de modo integral como parceiros em um universo médico que permanece fechado sob muitos aspectos.

Refletindo, penso que esse paradoxo é apenas aparente, se tentarmos ir ao fundo das coisas, e eu o farei, assumindo meus riscos como historiador, importuno ou provocador honesto nesse debate.

O que a obra apaixonante, e também altamente provocadora, de Jean Allouch, *Erotique du deuil au temps de la mort sèche,* estabelece sem complacência é o caráter ao menos bastante tardio da investida da psicanálise nos territórios da morte. Às objeções que surgem inicialmente, a referência canônica e por muito tempo julgada incontornável, como se diz, ao Freud de "Luto e melancolia" (sem esquecer Melanie Klein, Bowlby e alguns outros...), o autor replica com uma crítica feroz ao conceito freudiano de "trabalho do luto", não apenas pobre, para ele, mas enganador, tanto na própria expressão de "trabalho" quanto em sua conclusão (o luto se realiza, para Freud, pela fabricação de um objeto substituto). Ora, esse esquema redutor teria, ainda ontem ou mesmo hoje, ao menos até as abordagens lacanianas, inibido qualquer tentativa de encarar verdadeiramente o problema.

Não tenho competência para opinar com autoridade sobre as bases do debate e não pretendo me arriscar a isso. Porém por ter, como historiador das atitudes e das representações coletivas diante da morte, seguido com atenção na literatura internacional dos últimos decênios o duplo movimento contraditório daquilo que se tornou banal hoje em dia designar como o "tabu" sobre a morte (seja a morte "invertida" de Philippe Ariès ou a "morte seca" de Jean Allouch), e em paralelo o movimento inverso de redescoberta da morte, a partir dos anos 60 e 70, por toda uma literatura científica, penso poder caucionar a constatação severa que é aqui sustentada. Salvo algumas exceções, os psicanalistas não aderiram à iniciativa corrente de reinvestimento da morte; pior, parecem ter-se prudentemente mantido à parte.

Quando Geoffrey Gorer, entre 1955 e 1965, constrói obra de prospecção intrépida a respeito de um assunto que ainda não tinha atraído a atenção senão de maneira freqüentemente superficial entre os pesquisadores e ensaístas americanos (sobre o tema da morte mercantil anglo-saxônica), ele o faz como sociólogo clássico; seríamos tentados a dizer, estabelecendo o quadro da situação na Inglaterra do pós-guerra, mantendo distância dos trabalhos de Freud e Melanie Klein. Classicismo aparente, que não nos deve fazer subestimar a importância da descoberta fundamental da "pornografia" da morte na sociedade atual.

Mas é significativa a evolução ulterior, que se exprime no movimento de "redescoberta da morte" para culminar espetacularmente nos anos 70, e da qual tentei dar conta, tanto em artigos quanto nos últimos capítulos de *La mort et l'occident de 1300 à nos jours.* Fiquem tranqüilos, não vou lhes infligir, aqui, a repetição disso, evocando esse duplo movimento que se expressou no mundo anglo-saxão, sob a pena de médicos, sociólogos, antropólogos e depois por especialistas dessa nova ciência de *nursing,* enquanto que o velho continente deu a palavra também aos exploradores do tempo longo (Ariès, Lebrun, Vovelle, Chaunu) para uma colocação em perspectiva histórica. Dessa proliferação do discurso, vou reter apenas um traço, o mais significativo para o que nos interessa aqui: o luto, isto é, o interesse voltado para os (sobre)viventes; a atenção voltou-se para o agonizante, aquele que vai morrer, o que não é absolutamente a mesma coisa. Simplificando ainda ao extremo, vou me contentar em evocar os trabalhos e a influência do Dr. Kübler-Ross que, de 1965 a 1977, fez-se o apóstolo dessa re-humanização da morte, do diálogo com os moribundos, modelando as etapas do último percurso à procura de um laço reatado entre os vivos e os agonizantes, a quem se quer devolver a palavra e, portanto, a dignidade. Empreendimento que respondia demais a uma necessidade coletiva e dramaticamente experimentada para não ser absolutamente aceito e, de uma certa maneira, fornecer a filosofia das práticas de *nursing.*

E eis que, sob a pena de psicanalistas, de que a obra mais que estimulante de Jean Allouch nos oferece a ilustração, o luto retorna com força, nessa virada dos últimos anos do século XX. Inscrevo-o voluntariamente na história, não por uma dissimulada vontade de captação, mas porque ele mesmo, que leu e meditou sobre a obra de Ariès, a grande testemunha essencial, a isso se refere em sua leitura iconoclasta de Freud, remetida a seu tempo e ao contexto no qual ele escreve.

De minha parte, vejo nisso, de saída, e ainda que me possam acusar de ecumenismo fácil, o testemunho da atual redescoberta da morte e da necessidade sentida de romper um silêncio, de re-humanizar a morte, como se diz com certa facilidade, mesmo que por uma via diferente, associando à *death trip*, como dizem os anglo-saxões, essa *mourning trip* que é um dos seus aspectos, ambas baseadas numa realidade sociológica cuja pressão, longe de ceder aos encantamentos do verbo, apenas se torna mais pesada, reforçando o tabu da morte.

Se nos voltamos na direção dos vivos, o problema do luto se impõe sob as duas acepções que o termo recobre (por mais difícil e, por um lado, arbitrário que seja dissociá-las): o luto como ritual social, convenção aceita, impositiva e tranqüilizadora ao mesmo tempo, hoje porém evanescente, desestruturada sobre as ruínas daquilo que Jean Allouch denomina, a partir de Ariès, o luto romântico, e que eu estaria tentado a chamar de luto burguês ou vitoriano em homenagem a Gorez. Em seguida, o luto como procedimento secreto, individual, quer se o qualifique em termos de "trabalho" (eu não me arriscaria mais a isso depois da crítica de Jean Allouch), quer se tente esclarecer mais sutilmente seus arcanos. Mantenho em segundo plano a questão - falsamente ingênua - de saber se há um luto "normal" (que poderia remeter ao luto socializado) ou se, por sua própria essência, ele não poderia sê-lo.

A respeito desse problema, a reflexão que nos é proposta por Jean Allouch cresce ao se inscrever no atual contexto titubeante, por simples gritos e sussurros, que manifestam o desamparo atual, num mundo sem referências normativas evidentes.

Geoffrey Gorer, ainda que mantenha distância dos agnósticos "intelectualmente amolecidos" (sic), não sugeria menos, em continuidade, ao que me parece, com uma corrente elaborada no decorrer do século XIX, o esboço de um programa no qual se reencontra o eco do luto familiar ou cívico, característico do culto aos mortos semilaicizado do século passado e do início deste.

Um luto, em suma, que constata a morte de Deus, esse parâmetro essencial que causa espanto não me terem visto evocar até este momento, num contexto que torna particularmente interessante o debruçar-se sobre os discursos e as práticas atualizadas dos clérigos de hoje em dia. Nunca é demais aconselhar a leitura de *La célébration des funérailles, propositions et perspectives* (1993), de Christian Biot. Praticante do acompanhamento dos moribundos no meio hospitalar, esse padre, muito representativo das novas atitudes e práticas nascidas do Vaticano II, divide-se entre uma presença ao mesmo tempo discreta e ativa junto a doentes terminais e a preocupação marcante de se voltar para os sobreviventes, numa pastoral que elide as noções de punição, totalmente focalizada na esperança da ressurreição. Será tal perspectiva longínqua aceita atualmente por uma família que vive na convicção do "nós nos reencontraremos", até mesmo da presença imediata dos desaparecidos?

O percurso a que Jean Allouch nos convida é ao mesmo tempo mais complexo e mais direto, a partir da meditação à qual o introduz a leitura de Kenzaburô Ôe, testemunho sugestivo das modalidades de uma nova coabitação com o mundo dos mortos. Nessa aventura, o acompanhamento aos moribundos não parece ter vez. Estaria a última palavra do psicanalista contida na anedota, quão reveladora, que o autor retira de Lacan, tal como circula na sua lenda póstuma, a do paciente liberado de seu peso de angústia pela fórmula definitiva: "É isso aí meu caro, você está fodido"? Aqui onde o "psi" parece desviar-se do acompanhamento aos moribundos, onde o padre, como vimos, se faz discreto, preocupado em se adaptar às realidades de interlocutores de todas as origens (pluriconfessionais) e cada vez mais destacados de uma cultura religiosa de referência, a *nurse,* dizendo à inglesa, ou seja, na maioria das vezes a enfermeira ou a atendente, única a estar presente na ausência da família, mas também o voluntário de ação social e às vezes o médico vêem-se na situação de assumir uma presença sem qualquer finalidade senão a de manter pelo maior tempo possível, no doente terminal, sua dignidade de ser humano. O que, convenhamos, não é pouco.

No que seria uma ironia cruel qualificar como novos rituais da morte, a brutalidade da última passagem não pode deixar de recorrer ao que pode parecer, se quisermos, subterfúgios ou mistificações assumidas: temos, portanto, o esboço de um novo sistema de após-morte, com todos os riscos de derrapagem que isso comporta. E isso vale tanto para o luto como para a agonia. Fiquei surpreso, nas conferências que faço atualmente no Hospital Paul Brousse, de introdução aos cursos de tratamentos paliativos, com a emergência recente - bastante marginal, pois esse não é o estilo desses encontros - de perguntas da audiência feitas sobre a vida após a morte, sobre a comunicação dos vivos com os mortos, sobre um tema cujo nascimento se pode referir à obra de Moody, de

1977, *Life after life*, da qual pude apreciar *in situ* o impacto inesperado, nos Estados Unidos. E sabemos que o Doutor Kübler-Ross, na última fase de sua carreira, cedeu à tentação do túnel, como conhecemos as revelações que trazem os mortos clínicos de suas experiências de além-túmulo. Um antropólogo tão prudente e seguro quanto Louis-Vincent Thomas não abordou, ele próprio, o tema com seriedade, em suas últimas obras?

E eis que o "psi", por sua vez, no domínio que reservou para si, o da relação dos vivos com seus mortos, se entrega ao jogo. A exploração proposta por Jean Allouch das obras de Kenzaburô Ôe, desse universo que se fecha sobre a imagem de um céu povoado de "silhuetas de marfim", aborda um problema real, mesmo que possa parecer de um positivismo atrasado interrogar-se para saber onde fica a fronteira entre a metáfora, a ficção e a realidade. E se esse mundo fosse povoado de diabos, já se perguntava Martinho Lutero?

Ao historiador, e sem dúvida também ao sociólogo, uma vez que se trata de uma história imediata que vivemos hoje, cabe retomar a palavra. Não para emitir um veredicto, mas para evocar um conteúdo. Um documento de referência, como a recente pesquisa encomendada em maio de 1944 por *Le Monde* e *La Vie* sobre "as crenças dos franceses", forneceu o quadro de uma reflexão sobre uma conjuntura que é ao mesmo tempo a do triunfo do tabu (ou da morte seca de Jean Allouch) e a da redescoberta da morte, apreciada em suas modalidades. Um universo marcado pelo fim da morte preparada, em sua versão cristã ou leiga, pelo fim da família e das solidariedades, pelo fim do mais além cristão pela evanescência, não apenas do inferno, mas sobretudo do purgatório, esse extraordinário instrumento de pacificação e purgação - é o caso de dizê-lo - das paixões. Em contraponto, o rápido desenvolvimento das escatologias de contrabando (11% de crença na reencarnação) e mais ainda a crença difundida em 70% dos pesquisados, cristãos ou não, na comunicação entre os vivos e os mortos. Conseqüência final: a morte do filósofo, tal como, das Luzes ao cientificismo, o racionalismo de dois séculos passados havia elaborado, se porta mal; essa imortalidade abstrata nas obras e na memória trai sua incapacidade de responder aos fantasmas de nossa época. Torna-se uma atitude heróica da qual se poderiam encontrar os traços nos combates pelo *right to die* e no debate sobre a eutanásia, o que nos levaria sem dúvida demasiado longe, ou alhures.

Vivemos o retorno dos mortos - para retomar o tema lançado há alguns anos pelos antropólogos, como Daniel Fabre, que analisaram as suas formas. Não tanto mais os mortos errantes da antiga religião popular folclórica encerrados por um tempo - por séculos! - pelo gigantesco esforço de aculturação da religião católica na prisão da expiação em tempo de purgatório, mas sim um novo avatar, do qual é apaixonante seguir, como me esforço por fazer, as traduções no imaginário coletivo, tal como expressas nos filmes, na televisão ou nas histórias em quadrinhos. Nessas formas selváticas, como diria Philippe Ariès, do retorno do recalcado, os percursos que evocamos oferecem um eco e uma expressão civilizada. Mistificadora? Não necessariamente, tanto em um como em outro caso analisado. Será propor simplesmente um compromisso burguês ou uma espécie de paz dos bravos, reconhecer a pertinência de um percurso psicanalítico que se esforça para gerar sem imposição esse retorno dos mortos, como a utilidade do procedimento ilustrado pelos cuidados paliativos em sua tentativa de tornar a humanizar a última passagem? Mas atenção às derrapagens. A *mourning trip,* como a *death trip,* é um caminho semeado de obstáculos. No desvio da trilha, o morto surpreende o vivo.

A falecida criança do filósofo

Laurent Cornaz

Sócrates:
É um órfão que nesse mito cobrimos de lama.

Platão, Teeteto, 164e

LUTO DA CRIANÇA. Uma criança chora, uma criança morre. Ao luto freudiano, o do órfão, junta-se uma dimensão propriamente angelical, "demoníaca" (os anjos são demônios, lembremo-nos e livremos esse vocábulo de seus ornamentos barrocos e de seu perfume são-sulpiciano*): a morte é "fazedora de anjos". Que se diga, com Freud, sobre o desaparecimento do objeto, que este atinge em mim a criança narcísica que continuo a ser em qualquer idade, ou que se diga, com Jean Allouch, que a morte ceifa apenas trigo ainda verde, desnuda o cadáver até a infância, e que em todo morto permanece uma criança que deixa inacabada sua vida; o luto, hoje, nos remete à infância.

> O caráter determinante do não-realizado nos faz constatar que, em nosso tempo de morte seca, a partir do momento em que a mortalidade infantil deixou de ser o que era, o paradigma do luto é o luto pela criança[1].

Hamlet se mostra, assim, como uma encenação trágica deste quiasma paradigmático onde se cruzam a criança aterrorizada com o assassinato de seu pai e a criança sacrificada, evacuada para fora da cena inóspita de uma vida que não pode ser vivida.

---

* No original, *saint-sulpicien.* O autor refere-se às lojas de arte religiosa nas vizinhanças da Igreja de Saint-Sulpice, em Paris, conhecidas por suas imagens de mau gosto. (NT)

[1] Jean Allouch, *Érotique du deuil au temps de la mort sèche.* Paris, EPEL, 1995, p. 318.

Sair da infância concluindo um luto?

Um luto é o combate de um órfão atormentado por um anjo – seu *daimon*. Combate – *âgon* em grego – diz mais que "trabalho", proposto por Freud, com o sucesso que se sabe.

Sai-se de um combate vencedor ou vencido. Um luto é um combate em que não optei por me engajar, uma agressão persecutória a que não posso me esquivar. Atacado pelo anjo, vou abatê-lo, vou fazê-lo calar-se – e serei marcado por isso pelo resto de meus dias. Minha claudicação será minha vitória, ou então não triunfarei: suas armadilhas não cessarão de me perseguir. Essa provação inesperada é inelutável: ela aguarda toda criança.

O estado de órfão não equivale, necessariamente, ao de enlutado. O luto de Hamlet excede a relação filial que o liga ao pai morto, passando pelo de Ofélia. Não haveria, falando propriamente, luto pelo pai. Não posso ficar de luto por meu pai, na medida em que a paternidade é uma realização: o nome transmitido ao filho não morre. Só existe pai na metáfora de um nome.

No entanto, toda a obra de Freud clama o voto parricida. A culpa, surgida em resposta à execução dessa morte desejada, não equivaleria necessariamente à catástrofe do luto, mas seria apenas a sua antecâmara. Por que Hamlet dá ouvidos ao fantasma acusador que o assombra? Ele quer saber, não tanto as circunstâncias do assassinato de seu pai, já que, afinal, a própria lógica da paternidade se realiza nessa morte, mas sim a razão do abatimento que o acabrunha. Se acompanharmos a interpretação lacaniana, a resposta deve ser buscada na muda indecência de uma castração violentamente infligida: a morte leva para a tumba, para sempre, uma parte faltosa. A sombra do morto que cai sobre Hamlet não é somente a paterna; é pela perda do irrealizado, da criança que ele foi – e que permanece, através de sua morte – que fico enlutado, atingido em meu íntimo. A morte de meu pai, precisamente, restitui, cadaverizado, o não-pai que ele era. E o fato de ser seu filho não basta para me enlutar. Sob os aspectos fantasmagóricos de um valentão, é o lamento por uma criança que me deixa aniquilado. Este ser, restituído ao irrealizado por sua morte, arranca-me esse "pedacinho de si" que Allouch chega a nomear. Enlutado porque este morto, como um filho, exige tudo de mim para preencher sua irrealização.

Sairíamos da infância concluindo um luto? Eis uma definição da saída da infância que rompe com toda teoria de estágios: o tempo da infância, como tempo lógico de um luto ainda não concluído.

> A não-realização vem antes, é por ela, inicialmente, que o enlutado lida com a morte daquele que lhe foi próximo. Em um *instante de ver*, essa vida lhe aparece naquilo que ela tem de definitivamente inacabado, em tudo o que ela não pôde realizar. O tempo do luto seria, então, o *tempo para compreender*, culminando no *momento de concluir* que, de fato, essa vida foi realizada e em que ela o foi[2].

É primordial a imbatível revelação da prematuridade da morte do outro, da tua morte: é cedo demais. O fio foi cortado antes que se realizasse... o quê? Eu não sei. Não saberia dizê-lo. O luto, nesse lugar, embaralha meus pensamentos e me emudece. Mas sei, com um saber inatingível, que algo de necessário permanece não-realizado. Paralogismo absoluto: um acontecimento contingente, acidental, adiável – *"você poderia ter morrido num outro momento"* – faz fracassar o necessário, o acabamento de uma existência, impedindo sua realização. Para sabê-lo, para ser invadido pela insustentável certeza desse necessário irrealizado, é preciso ainda que o defunto me seja próximo. É muito pouco dizer: sinto esse desaparecimento como um escândalo irreparável, porque ele me revela brutalmente uma identificação – narcísica, diz Freud – no instante mesmo em que me terá arrancado, sem uma palavra, esta parte que se revela ao meu corpo que se defende como sendo minha. Esta "parte de mim" é esta parte do morto para sempre confiscada, o inacabamento da tua vida. *Tua morte me perfura.* Ela me fixa, até a vertigem, diante da evidência do esvaziamento de mim mesmo: falta-me, para sempre, este necessário que faz tua vida cedo demais interrompida.

O tempo do luto, inaugurado pela cegante evidência dessa constatação, seria aquele de que irei precisar para chegar a concluir, inversamente, que a vida do defunto só pode ser dita realizada, que o mor-

---

[2] Jean Allouch, *Érotique du deuil...*, op. cit., pp. 317-318.

to está "completo", como diz Boris Vian[3]. Para que uma tal conclusão se imponha com uma força igual à da evidência contrária que, acossando-me, fez de mim um enlutado, será necessário o tempo de compreender, de me encaminhar ao ato conclusivo: constato que só me resta consentir ao dom gracioso do que me foi arrebatado. Que ele repouse em paz! A segunda pessoa não pode mais existir. Constatação inversa à primeira e que a anula. Ali onde eu havia constatado que a tua desaparição deixava um furo que nada viria preencher, constato enfim que só posso ficar marcado por isso; ali onde estava o não-realizado, advém uma cicatriz que leio, enfim, realizando meu luto. Perda seca, pois nenhum Outro, nenhum Tu recebe este dom imaterial que me deixa marcado, claudicante. Sacrifício para nenhum dois, para nenhum deus a quem falar.

> Seria preciso, para isso, para que fosse avaliada a uma-vida de cada um sem outro recurso a não ser esta própria avaliação enquanto humana (mesmo que demasiado humana), que Deus não mais fosse reconhecido como tendo nas mãos, Ele e somente Ele, as cartas do juízo, com efeito, necessariamente "final"[4].

Como poderia eu adquirir a certeza de que o morto está "completo", de que não lhe devo nada, se nenhum Outro pode me assegurar disso, se nenhum juízo final é enunciável? Como poderia eu jamais concluir que tua vida não permanece inacabada, que ela está "realmente realizada"? Este ato não pode ser voluntário, nem prescrito. Ele ocorre – e é esta a saída vitoriosa do combate – ou não. Esta é uma conclusão constatada só-depois. O narrador caolho de Ôe "surpreende-se" dizendo, do fundo de si mesmo: "Adeus, Areu!" e se descobre livre de toda antipatia contra seus perseguidores. Mas é ao escrevê-lo, quando o narrador não mais se dirige a seu fantasma, e sim ao público, que o ato realmente surte efeito.

Constatar, portanto, mas o que, precisamente? A parte de si deixada ao morto, o furo que ele fez em mim ao desaparecer, que ato me

---

[3] Lembro-me de sua voz seca, tensa como um fio metálico, lançando friamente, entre duas canções: *"Um morto é bom, é completo. Não tem memória. Está ter-mi-nado. Não se está completo quando não se está morto."* (*Pas avec le dos de la Q. I. R.*, Adès, 33 VS 587).

[4] Jean Allouch, *Érotique du deuil...*, op. cit., p. 318.

poderia permitir depositar isso tudo sem nada restar, constatar que, afinal de contas, nada me terá sido tomado? É aí que o termo "sacrifício", retomado por Allouch, merece ser interrogado. Em toda religião, com efeito, o sacrifício é partilhado entre os sacrificantes e a divindade, mas é principalmente reconciliação nessa própria partilha[5]. Como, desde então, passa-se da partilha à perda seca, do sacrifício dirigido àquele de quem se espera um retorno ao sacrifício gracioso que marca a realização de uma não-partilha, a conclusão de um luto?

Do conflito ao sacrifício: a astúcia persecutória

Entre os gregos, realizar um sacrifício é afirmar sua humanidade na sua diferença do bestial e do divino. O ritual prescreve o tratamento próprio a cada uma das partes que são constituídas pelo próprio sacrifício. A *Teogonia*, o nascimento dos deuses cantado por Hesíodo, narra em detalhe um mito de fundação do sacrifício. É um ser intermediário, o filho do titã Jápeto e da ilustre Climene, "a oceanide de belos tornozelos", Prometeu, "Aquele que pensa antes", que teria instituído o primeiro sacrifício. Não sem astúcias.

> [...] No dia em que se resolviam as diferenças entre deuses e humanos em Mecone, naquele dia, então, depois de ter feito em pedaços um grande boi, ele os dispôs diante de todos, procurando confundir o espírito de Zeus: para ele, a carne e as partes ricas em gordura, mas... dentro do couro do animal, envolvidas, escondidas no ventre do boi; para os outros, os ossos do boi, mas... (é a técnica do ardil) ele os dispôs de maneira atraente, ocultos, envolvidos na gordura luzidia[6].

Prometeu, que (como seu nome indica) calcula seus golpes antecipadamente, tal como um jogador de xadrez astucioso, pensa enganar "o pai dos homens e dos deuses" apresentando-lhe uma escolha enganadora.

---

[5] No cristianismo, o objeto do sacrifício é o Cristo, cujo corpo é absorvido pelos fiéis. Estes, resgatados da falta original pelo sacrifício voluntário da divindade condenada à morte na pessoa de seu filho, participam então da imortalidade e da beatitude divinas. A partilha cristã é uma aliança proposta pelo criador à sua criatura, cuja aceitação vale por promessa de beatitude fusional.

[6] Hesíodo, *Théogonie*, v. 535-541, trad. franc. de A. Bonnafé, Rivages, 1993.

Estimando, com razão, que Zeus vai se deixar seduzir pela gordura apetitosa sob a qual dissimulou os ossos, ele o faz escolher a parte que deveria caber aos humanos, a fim de frustrá-lo da parte que, normalmente, deveria ser a sua. Pensa que, escondendo-a sob o couro impossível de comer, teria reservado aos homens a melhor parte. Mas...

> [...] Zeus (cujos desígnios são imperecíveis) reconheceu – e não se deixaria enganar! – o ardil: e previa em si mesmo os males que aguardavam os humanos mortais: aqueles que, justamente, se iriam realizar[7].

Não se engana Zeus. Acreditando ser mais esperto, Prometeu será apanhado em sua própria armadilha, e os homens com ele. Com todo conhecimento de causa, o deus se deixa lograr, o que em nada impede "a bile da cólera de invadir seu coração". Este deus não gosta de quem o toma por imbecil. Pouco importa, o jogo está feito: dando aos homens a parte comestível, Prometeu sela o destino destes. Só os mortais se alimentam de carne. E, como precaução, Zeus recusa aos homens seu fogo divino. Ei-los condenados a devorar crua a carne dos animais com os quais, doravante, se aparentam. Sua gula, sua fome incessantemente renovada é a marca de um corpo sempre falho, votado à fadiga, ao envelhecimento e à morte. Os deuses, ao contrário, não conhecem a necessidade da fome; eternamente jovens, banqueteiam-se com odores, cores e sabores de alimentos incorruptíveis. Os homens não partilharão mais o festim dos deuses[8].

Foi então que Prometeu roubou o fogo. A tocha dissimulada no oco de um tronco não passa de um pálido reflexo do brilho e poder do fogo de Zeus, mas é bastante para que se eleve a chama do sacrifício – seu brilho resplandece ao longe e consome em fumaça odorífera a parte dos

---

7 *Ibid.,* v. 550-552.

8 "O vocabulário dos poemas arcaicos, em hexâmetros, não faz distinção entre o festim reunindo homens e deuses, por um lado, e o sacrifício oferecido aos deuses pelos homens, por outro. Festim e sacrifício são ambos qualificados de *dais*. [...] Essa ambivalência na significação de *dais* é, evidentemente, uma conseqüência direta do fato de que este nome deriva do verbo *daiomai*, "dividir, repartir, concordar em partilha". *Dais* é, pois, uma "divisão", não somente entre porções de carne (festim), mas também entre as honras (*timai*) que o acompanham (sacrifício)." G. Nagy, *Le meilleur des Achéens. La fabrique du héros dans la poésie grecque archaïque,* Paris, Seuil, 1994, p. 260.

deuses. Permite aos homens saciar-se com as carnes assadas ou cozidas, preparar seus alimentos, dourar o pão, para que não vivam como animais.

Mas Zeus não pára por aí. Toda essa história se inscreve numa querela originária entre os titãs e os deuses. Trata-se da partilha dos *timai*, das honras devidas, de que as partes sacrificiais são uma forma de representação. O conflito é primordial: é o confronto das vontades.

> [...] as vontades de Prometeu entravam em luta com as suas, as do filho de Cronos, mais que ardentes[9].

A vontade de Zeus não pode ser contrariada; de uma maneira ou de outra, inelutavelmente, ela se realizará. Devem os outros, portanto, reconhecer sua soberania real, atribuindo-lhe as honras que lhe cabem de direito. Assim, as artimanhas de Prometeu não alteram os "desígnios imperecíveis" do deus, mas nem por isso deixam de ser uma frustração das honras não prestadas a sua realeza. Os homens devem cuidar de que se prestem aos deuses as homenagens que lhes são devidas, fazendo elevar-se até eles a parte que lhes coube.

O fogo do feminino

Se a vontade ardilosa do titã precipitou a separação entre os deuses e os homens, a afronta feita ao rei dos deuses não pode ficar impune.

> Logo (em contrapartida ao fogo) ele forjou um mal para os humanos. Tomando um pouco de terra, o ilustre Manco modelou a imagem de uma virgem respeitada, em obediência à vontade do filho de Cronos[10].

Aos ardis astuciosos e ineficazes do titã, Zeus responde com uma maquinação irresistível: a sedução feminina, contra a qual "os humanos nada podem". O feminino, no tempo em que deuses e humanos partilhavam do mesmo festim, era apanágio das deusas. As mulheres, saídas da vontade de Zeus, são irresistíveis porque foram revestidas pelos deuses de uma aparência divina. Mas este esplendor esconde um corpo de argila, destinado ao fenecimento e à podridão que tocam toda vida mortal.

---

[9] Hesíodo, *Théogonie*, op. cit., v. 534.

[10] Hesíodo, *Théogonie*, op. cit., v. 570-572.

Ora, a astúcia de Zeus não se limita à simples armadilha da aparência. Imortais e mortais ficavam estupefatos, diz o texto, à visão da "profundeza da cilada": por trás de sua irresistível sedução, as mulheres, tais como as queria Zeus, não ocultam apenas um corpo de argila, mas o fogo devorador de seus apetites insaciáveis. Elas jamais ficam satisfeitas; precisam de *Koros*, o mais do que o bastante.

> [...] de Pobreza maldita não se fazem as companhias, elas precisam ser Mais do que o Bastante.[11]

Mais úmidas, mais terrenas do que os homens, mais próximas da vida animal, elas nunca se mostram saciadas, querem sempre mais. E, como o ardor do sol tem menos efeitos sobre elas que sobre seus amantes – os homens são de temperamento mais seco e quente –, elas literalmente os põem na grelha nos dias de canícula. Arrastados por suas companheiras aos apetites sempre insaciados, eles correm o risco, na flor de sua juventude, de se ressecar prematuramente ao fogo do desejo carnal. Este é o preço do resgate exigido por Zeus em contrapartida ao fogo sagrado escondido por Prometeu no tronco de um arbusto, subtraído aos olhares dos deuses, e que brilha desde então nas habitações dos homens.

Fogo contra fogo. Fogo sobre fogo. Eis os homens dotados ao mesmo tempo do fogo de cozinha – fogo civilizador, fundador da cultura onde os mortais encontram seu justo lugar, tão distinto da selvageria dos animais quanto do mundo etéreo dos deuses –, mas igualmente afligidos pelo fogo do desejo sexual. Este último opõe-se ao primeiro. Longe de conduzir o homem ao lugar da cultura, das instituições ordenadoras do cosmos e da cidade – agricultura, sacrifícios, casamento –, o fogo da sedução erótica o esquarteja e dilacera, empurrando-o de modo contraditório em direção ao bestial e ao divino. Este contra-dom envenenado dos deuses leva o homem à inumanidade. E a mulher é a encarnação desse duplo excesso: por sua beleza, ela suscita um irreprimível impulso para o divino, ao passo que, petrificada por instintos selvagens, ela incita o homem à bestialidade sem lei. E a armadilha de Zeus se fecha sobre o homem: mortal, este só se reproduz no ato da carne que o deixa dilacerado entre a cruel nostalgia do divino e o triste desgosto do imundo.

---

[11] Ibid., p. 593.

A instituição do sacrifício que nos contam os textos dos antigos gregos desemboca naquilo que o ultrapassa. Se houvesse somente o fogo do sacrifício, a religião dos homens reunidos na Cidade regularia, sem choques, a vida e morte de cada um. Mas o incêndio do deus que se acende em nossas veias à visão do archote feminino – e inumeráveis são as mulheres, as virgens, os efebos e todas as seduções insaciáveis que assaltam meus olhos, arriscando consumir-me as vísceras – mina esta ordem interior, devastando-a à menor fagulha, e faz da vida dos homens um caos que nenhuma *polis* consegue regular.

A Fala é mulher

O sacrifício com que lida o enlutado não é aquele da religião que dá a cada um a parte que lhe toca. Seria esse sacrifício de um pedaço de si consumido no fogo do desejo. Erótica do luto nos antípodas de toda justiça distributiva. Mas qual é a natureza desse fogo aceso pela mulher?

> Será que a perda de um pedaço de si como resto pode ser, ela mesma, uma operação sem resto[12]?

interroga-se Jean Allouch, e evoca, à guisa de resposta, um mito dos Brâmanes celebrando "as impossíveis núpcias entre o sacrifício e a fala[13]." Este mito – será realmente uma surpresa? – fala da partilha entre os deuses e os Asura[14]: aos primeiros, o Sacrifício, aos segundos, a Fala. Reencontramos a astúcia e a sedução. Buscando recobrar a Fala para seu próprio serviço, os deuses sugerem ao Sacrifício que se dirija à Fala a fim de que ela o convide. Quando a Fala, a princípio desdenhosa, convida o Sacrifício, este se apaixona por ela: "Ah, como eu gostaria de fazer amor com ela." Os deuses então se conscientizam do perigo: "A Fala é mulher", dizem eles. "Vamos tomar cuidado para que ela não o arraste." Eles pedem ao obediente Sacrifício que não vá à casa da Fala, mas que a atraia

---

[12] Jean Allouch, *Érotique du deuil...*, op. cit., p. 354.
[13] Jean Allouch, *Érotique du deuil,* op. cit., p. 357.
[14] Charles Malamoud, que apresenta o texto (em *Cuire le monde. Rite et pensée dans l'Inde ancienne*, Paris, La Découverte, 1989, pp. 176-177), precisa que os Asura são "demônios" adversários dos deuses.

até a sua. "Os deuses, então, a arrebataram aos Asura, e se apoderaram [...] dela." E Allouch conclui seu livro com esta glosa de Malamoud:

> Nada é mais perigoso para os deuses que esses amores do ato sacrificial com a Fala[15].

O mito, entretanto, tem uma continuação. Para evitar que nasça, dos amores do Sacrifício e da Fala, um ser prodigioso, suscetível de pôr em perigo a supremacia dos deuses, Indra reage. Deslizando por entre os amantes que se abraçam, ele penetra na matriz da Fala e, ao fim de um ano, nasce, arrancando a matriz e colocando-a na cabeça do Sacrifício. O único filho da Fala, tornada estéril, é pois este deus que a viola e que renasce para mutilá-la, observa Malamoud. O Sacrifício, portanto, não terá filhos com a Fala. Enlouquecido de desejo pela sedução da Fala, seus amores ficarão estéreis. A Fala só sabe seduzir. Ao lado do Sacrifício, ela não ficará como uma esposa, mas como uma cortesã: irá seduzir os homens (sem lhes dar progenitura), contando-lhes o porquê e como dos ritos sacrificiais, e estes vão obedecer a suas injunções no que concerne ao Sacrifício e à maneira como se deve executá-lo.

> Quando ela conta como foi seduzida pelo Sacrifício para os deuses, a Fala não tem outro objetivo senão seduzir os homens para o Sacrifício[16].

conclui Malamoud. Seguindo o mito até o final, as núpcias entre o Sacrifício e a Fala não seriam impossíveis, mas estéreis. Elas só teriam como objetivo a sedução: nenhum fruto, senão as flores.

O fogo do feminino é a fala. É ela que tem o poder de enganar os homens, de perdê-los, fazendo com que acreditem poder igualar-se aos deuses – Eva repete a Adão o que lhe sugere "o mais astucioso dos animais": "vocês serão como os deuses" –, para precipitá-los abaixo da terra, no atoleiro da bestialidade. É por isso que os deuses, ordenadores do cosmos, insistem em pôr a fala a seu serviço, utilizando seus poderes sedutores para levar os homens a lhes prestar as honras que lhes são devidas, a praticar a partilha do sacrifício.

---

[15] Jean Allouch, *Érotique du deuil...*, op. cit., p. 357.

[16] Charles Malamoud, *Cuire le monde...*, op. cit., p. 177.

Fênix, um gracioso sacrifício?

Procuramos definir o ato conclusivo do luto pelo qual o enlutado faz dom desse "pedaço de si" que a morte do outro lhe terá arrancado, dom gracioso dirigido a nenhum Outro, perda seca. Como tal sacrifício seria possível, realizável?

"Nada é mais perigoso para os deuses que esses amores do Ato sacrificial com a Fala". É antes da intervenção de Indra que Allouch suspende sua leitura, no momento em que um outro fim permanece considerável. E se o Sacrifício, desobedecendo aos deuses, atendesse ao convite da Fala, o que seria de seus amores? Deixariam os deuses mudos, já que privados da Fala, e abandonados pelos homens, já que privados de Sacrifício. Se nenhum terceiro se imiscuísse no abraço entre Fala e Sacrifício, o rito não seria possível. O ato sacrificial não iria requerer sua justificativa no mito. E com certeza, mais cedo ou mais tarde, um homem iria se levantar para proclamar a morte dos deuses; mais cedo ou mais tarde, a especulação sobre os deuses se tornaria pretexto de guerra. Mas a sabedoria das nações, como se diz, proclama a esterilidade de tal união: para proscrevê-la.

Suspendendo neste ponto o relato do mito, Allouch mantém indecidível a questão do destino dos amores entre o Sacrifício e a Fala. Ele não considera nenhuma continuação, já que essas núpcias são ditas "impossíveis". Como o incesto, elas são ao mesmo tempo perigosas e impossíveis – interditas e praticadas, porque impossíveis. O "gracioso sacrifício do luto" não é um rito. Agarrar-se a este indecidível – que nada mais é que a hipótese do inconsciente – é a maneira de Allouch reavivar a agudeza, o vigor, a erótica da psicanálise, de reinventar o que Freud descobriu com o Édipo.

Qualificando essas núpcias de estéreis, o mito deixa crer, ainda assim, na sua possível realização. Ele deixa em aberto a questão de ser, ainda assim, pai, mesmo que somente de um gozo. Pai estéril, espiritual.

Essa seqüência mantida vai se manter, efetivamente, quando o mito não mais resistir ao desenvolvimento de novos discursos medidos pelo *logos*, contragolpe à irrupção, numa sociedade arcaica, da instituição alfabética[17]. Novos candidatos a uma paternidade menos obscena, melhor articulados logicamente, vão zelar por sua manutenção. Que a fala sedutora fale à imaginação dos homens e os leve, por seus encantos enganadores, a obedecer às prescrições do ritual de sacrifício, eis muito precisamente o que é rejeitado por Platão, em busca de um discurso não enganador. Filo-sofo, ele se quer apaixonado por uma fala não sedutora. Uma fala que não seja cortesã, e nem estéril. Essa fala fecunda de verdadeiro saber, essa *sofia*, não poderia lisonjear os sentidos do homem. Não é encantando os seus ouvidos que ela fecunda sua alma, mas agindo diretamente sobre esta. Por isso é inútil tentar capturá-la nas figuras de uma retórica e duas vezes inútil querer pintá-la no papel. A via dos olhos, duplicando a dos ouvidos, é aquela da sedução, da ilusão do saber verdadeiro. Este é fruto de amores não efêmeros, dos legítimos esponsais entre a alma e a Idéia, de labor profundo e de lenta maturação do pensamento.

> O agricultor de bom senso, se tiver sementes que quer conservar e cujos frutos deseja obter, irá seriamente semeá-las em pleno verão, nos jardins de Adônis, pelo prazer de ver esses jardins se tornarem soberbos em oito dias[18]?

O filósofo é um agricultor sério. Ele não semeia sua fala para que dê flores. Conta com frutos que alimentem e fortifiquem a alma. Por isso, desdenha o prazer de ver florescerem os jardins de Adônis. Esses jardins nos remetem à religião dos gregos e ao sacrifício. Mas a uma forma particular de sacrifício.

No auge do calor do verão, algumas mulheres e alguns jovens afeminados – no dizer de Plutarco[19] – celebravam a festa das Adonias em honra deste belo rapaz, sedutor de Afrodite, muito cedo pisoteado e emasculado por um javali selvagem[20]. Adônis é o fruto, tão sedutor quanto estéril, dos amores sorrateiros de Mirra com seu pai Ciniras, este último filho de Pafo, a moça esculpida por Pigmalião como estátua de marfim e tornada viva por Afrodite. Depois de seu incesto, Mirra suplica aos deuses ser banida dos vivos e dos mortos: "Façam de mim um outro ser, a

---

[17] Desenvolvi esse ponto em *L'écriture ou le tragique de la transmission*, Paris, L'Harmattan, 1994.

[18] Platão, *Fedro*, 276b.

[19] Plutarco, *Erotikos*, 756c.

[20] Ovídio, *As metamorfoses*, X 714-718.

quem sejam interditas a vida e a morte[21]". Segundo Ovídio, existe "uma divindade cujos ouvidos são abertos às confissões dos culpados". Ei-la transformada em árvore, no momento em que dá à luz Adônis. É a árvore da mirra. Nem viva, nem morta, ela faz parte dessas plantas da Arábia portadoras de aromas que os gregos queimam para seus deuses e as mulheres utilizam para seduzir seus amantes. As Adonias são um culto dos aromas[22]; elas celebram a sedução amorosa, expondo ao mais forte ardor do sol pequenos potes de barro plantados com brotos de trigo, cevada, alface e erva-doce. Este trigo verde cresce e morre em oito dias, ressecado pelo excessivo calor, e é então lançado na água das fontes ou no mar. Tendo deplorado a morte prematura de seu herói, os fiéis de Adônis (do culto da sedução erótica buscada por si mesma numa sociedade onde o lugar das mulheres é severamente controlado[23]), passando do telhado inundado de sol para o subsolo da casa, retomam o impulso perturbador dos jogos de sedução, inebriados pelo perfume das ervas que queimam.

Esse culto redobra, no espaço privado da casa, o sacrifício da religião oficial. Mas ali onde se opera uma partilha que deixa aos cidadãos a parte comestível dos frutos que souberam tirar da natureza através de seu labor, as Adonias são excessivas e faltosas. Seu sacrifício é feito ao fogo feminino da sedução. Ele seca, em vez de levar à maturação, queima em vez de cozer. E volta à umidade e à terra de que é feita a mulher. O único resto da operação é a fumaça, inebriante fumaça. Celebração do efêmero da perturbação erótica: o perfume, não a coisa; a excitação, não a mulher portando um filho. E Platão denuncia: o encanto enganador das palavras, em vez dos verdadeiros esponsais com a sabedoria.

O Sócrates platônico, o parteiro das almas, quer filhos. Ele não compreende que se possa dedicar-se a sacrificar a semente de sua fala no "líquido negro", traçando a imagem derrisória do envoltório das pala-

[21] Ibid., X 487.

[22] Marcel Detienne consagrou um livro inteiro aos *Jardins d'Adonis. La mythologie des aromates en Grèce,* Paris, Gallimard, 1989, do qual extraí todos os dados que relato aqui.

[23] Nicole Loraux não cessou, de livro em livro, de aprofundar essa presença do feminino numa sociedade que tenta, por todas as suas instituições, conjurar o seu terrível poder. Cf., entre outros, *Les expériences de Tirésias. Le féminin et l'homme grec,* Paris, Gallimard, 1989.

vras. Sobre o papel dos livros, nenhum saber pode chegar à maturidade e dar frutos: brota ali apenas um discurso infantil, incapaz de tomar a palavra para se defender e logo ressecado, fossilizado num texto emudecido pelo ardor daqueles que confundem o encanto das palavras com a verdadeira sabedoria. Lançado às águas das fontes leitoras[24], o escrito ressecado não recobrará vida.

O filósofo não quer ficar enlutado por sua criança.

É por isso que ele só aborda o escrito com a maior reserva: isso cheira a morte. Existe somente a suposição de uma alma imortal capaz de dar à escrita o pai eterno que a legitima – tal é a solução platônica. Ela se paga pela negação do luto da criança. A morte não ceifa uma vida inacabada, mas liberta a alma imortal de seu entrave corpóreo. O luto só me priva de uma parte não essencial, a da minha ligação sensível, e portanto perecível, substituível, com o desaparecido. Devo poder suportar essa perda identificando-me com a parte incorruptível, imperecível, de mim mesmo, aquela pela qual ligo-me ao *logos*, ao Ser. Tal é o caminho da antiga sabedoria, ao menos daquela que os copistas cristãos nos transmitiram.

Mas se – desde Nietzsche, talvez, desde Verdun com mais certeza – a solução da imortalidade da alma nos protege cada vez menos contra a insuportável morte da criança, se o desaparecimento de um próximo pode reavivar esse insuportável na catástrofe imprevista de um luto, este não vai se concluir sem uma transformação de nossa relação platônica, demasiado platônica, com a escrita.

Concluir um luto é deixar desaparecer, com o desaparecido, aquilo que sua morte nos revelou que tanto nos apegávamos. Isso, justamente, que era para ser preservado pelo procedimento filosófico que pretende conservar o pensamento do morto, dele se apropriando graças ao arquivo alfabético. A inscrição do luto tentada pelo rito das Adonias, ao contrário, nada retém da graça do adolescente morto. É na pura perda – para escândalo dos administradores da Cidade e de Platão, que não admite que se "escreva na água" – que se celebra esse rito dos aromas, aparentado ao

[24] Jesper Svenbro lembra, aqui mesmo em "A criança, a palmeira e as letras fenícias", essa metáfora da fala que irriga as letras que lê.

mito da ave Fênix[25]. Se esta renasce, é depois de ter sido reduzida a cinzas, e sob a forma úmida de uma larva. O úmido sucede ao incandescente, diz o mito, sublinhando o caráter milagroso, e portanto imprevisível, de uma tal alternância dos contrários. Não há renascimento, em caso algum, sem aniquilação.

Dedicatória: o escrito tu

O gracioso sacrifício do luto, escreve Allouch, se expõe, publicamente, a não ser nada. Constatar esse "possivelmente nada" é um sacrifício sem retorno, uma operação sem resto. A cicatriz que me foi infligida pelo teu desaparecimento, oferecida à leitura de outrem, se tornará letra, carta, um quase nada que deixo esvoaçar ao acaso dos bons e maus encontros, ao risco da não-leitura.

Fórmula de Allouch:

> Só há literatura produzida depois deste nada a que o escrevente expõe seus textos[26].

A que responde para mim esta reflexão de Pascal Quignard:

> Há dois casos de inconversibilidade entre o ouvinte e o locutor.
> O primeiro caso é a infância. [...] O in-fans, o não-falante é um refém da linguagem humana. A criança é refém pela violência.
> O segundo caso é a leitura. [...] O leitor é um refém por consentimento. A leitura é esse volteio paradoxal: um antigo refém pela violência consente em renovar a primeira e inconversível experiência da linguagem que viola[27].

Ser *in-fans* é ser falado antes de dizer. O fato de que um morto seja *infans* induz à suposição de que ele ainda teria a dizer. E à tentação de dar-lhe ouvidos, de furtá-lo a essa violência não consentida, escutando-o

---

[25] J. Svenbro, no artigo citado, põe em evidência a ligação da letra com a palmeira realizada pelo termo *phoinix*. A ave Fênix – que faz seu ninho numa árvore aromática estruturalmente comparável à palmeira – pertence a essa mesma constelação significante onde reencontramos a esterilidade e a aliança entre o seco e quente e o úmido e frio.

[26] Jean Allouch, *Érotique du deuil...*, op. cit., p. 356.

[27] Pascal Quignard, prefácio ao texto de Apuleu, *Le Démon de Socrate*, Payot e Rivages, 1993, p. 34.

dizer ainda – voz do *daimon*. Concluir um luto é constatar que esse silêncio definitivo me terá reconduzido à primeira violação, chaga reaberta pelo teu desaparecimento. Somente a violência da minha recusa de infância – de ser agido por aquilo que me faz falado – tornaria insuportável a ferida do inacabamento da tua vida. Sacrificando essa recusa, perco, sem contrapartida, este futuro que acreditava me ser devido, aquele que acreditava me estar prometido, de um mais-além da infância mais forte do que a morte. A cicatriz de que permaneço marcado não garante nenhum leitor por vir. É um escrito tu, de onde se dá a ler minha fala no dia-a-dia.

Se concluir um luto é sair da infância, então ser adulto é constatar este não-evento: não se sai da infância. *In-fans* é meu desejo. Sou refém dos meus sonhos, não pai destes. Para saber disso, me terá bastado cessar de chorar um morto, a criança morta da minha mãe.

Maria Arochi y Baeza
Falecida aos nove meses.

A propósito de John Bowlby

Marie-Claude Thomas

TUDO, JÁ EM 1944[1], preparava aquele que foi chamado "o teórico do apego[2]" para situar o que acontece quando da perda do objeto a que o filhote do homem está ligado, no conceito de luto, numa concepção do luto.

De seu grande estudo de 1950, dominado pela preocupação da Organização Mundial de Saúde com a sobrevivência da espécie humana[3], até o auge dos anos 70-80, *Attachement et perte*[4] [Apego e perda] – proveniente de um estudo "das implicações teóricas de um certo número de observações incidentes sobre a reação das crianças pequenas à perda passageira de suas mães" e concluído por dois estudos, "Le deuil chez l'adulte" [O luto no adulto] e "Le deuil chez l'enfant" [O luto na criança] – o Dr. John Bowlby não cessou de explorar essa famosa relação mãe-filho. Ele o faz essencialmente pelo viés das carências, dos efeitos patoló-

---

[1] John Bowlby, *Forty-four Juveniles Thieves: Their Characters and Home Life* (1944). Monografia sobre "delinqüentes privados de afeição", citada por Lacan em "Introduction théorique aux fonctions de la psychanalyse en criminologie" (1950), in *Écrits*, Paris, Seuil, pp. 141-142.

[2] René Zazzo, "L'attachement. Une nouvelle théorie sur les origines de l'affectivité" (p. 30). Esse texto foi a base de discussão de um "colóquio imaginário" organizado em 1971 por R. Zazzo, que reuniu as trocas epistolares entre os participantes, sob o seguinte título: R. Zazzo (org.), *L'attachement*, 1979, Lausanne, Delachaux e Niestlé.

[3] John Bowlby, *Soins maternels et santé mentale,* Contribuição da OMS ao programa das Nações Unidas para a proteção das crianças sem lar, Genebra, OMS, 1954, col. "Monographie sur les effets de la carence des soins maternels".

[4] John Bowlby, *Attachement et perte*, Paris, PUF [tomo 1, *L'attachement* (1969), 1978; tomo 2, *La séparation* (1973), 1978; tomo 3, *La perte* (1980), 1984].

gicos sobre o destino das pessoas, seja diretamente pela observação, seja por construções teóricas divergentes.

Nesse empreendimento, Bowlby encontrou desde cedo a etologia[5] e logo seguiu os passos do pioneiro da etologia humana, o psicanalista René Spitz. Bowlby, também psicanalista, foi consultor e professor na *Tavistock Clinic* e membro ativo da Sociedade Britânica de Psicanálise[6].

Se sua terminologia é constituída de conceitos analíticos, seu método é o que predomina em etologia, o do behaviorismo. Na introdução à sua última obra – e isso é confirmado pelo próprio título de seu último artigo, "Psychoanalysis as a natural science" [Psicanálise como ciência natural] – o compromisso de Bowlby com o objetivismo não sofre desvios:

> Em particular, o objetivo é descrever certos modelos (*patterns*) de reações que se produzem regularmente na primeira infância, e a partir daí encontrar métodos semelhantes de reação no funcionamento ulterior da personalidade. Por numerosas razões, meu quadro inicial de referência foi, e sob muitos aspectos permanece sendo, o da psicanálise.. Devo dizer em primeiro lugar que no início dessa pesquisa a psicanálise era a única ciência comportamental que prestava uma atenção sistemática aos fenômenos e aos conceitos centrais de meu trabalho[7].

Todos os métodos em etologia humana têm um ponto comum: o comportamento da criança como resposta aos estímulos de seu meio social e físico. Esse par estímulo-resposta, forma típica do behaviorismo ou "teoria S-R", diluindo-se pouco a pouco numa "concepção estímulo-resposta", tornou-se uma referência epistemológica amplamente difundida entre os psicanalistas.

Inédito até hoje em francês, o artigo de John Bowlby de 1960 que publicamos, "Aflição e luto na infância e na primeira infância" (embrião de *La perte*) é organizado inteiramente por essa "teoria estímulo-respos-

---

[5] John Bowlby, "Note sur le contexte historique de la théorie de l'attachement", in R. Zazzo (dir.), *L'attachement...*, op. cit., p. 55.

[6] Ver seus trabalhos com M. Klein e seu papel nos debates da Sociedade Britânica de Psicanálise em Phyllis Grosskurth, *Melanie Klein, son monde et son oeuvre*, Paris, PUF, 1990; e em Éric Rayner, *Le groupe des "Indépendants" et la psychanalyse britannique*, Paris, PUF, 1994 (um resumo de sua obra é apresentado às pp. 146-155).

[7] John Bowlby, *La perte*, op. cit., p. 11.

ta". Pelo menos vinte ocorrências do texto retomam explicitamente o esquema seguinte: a perda do objeto (estímulo) acarreta o luto ou a aflição (resposta).

Esse esquema se apóia num postulado de base de tipo reflexo – ao estímulo *imagem-da-mãe* responde o *apego*, segundo a tese inatista de Bowlby – e vai dar lugar a uma clássica montagem experimental. Existem:

A) *as variações do estímulo*: a) qual é o objeto da perda? o seio, a mãe, a imagem da mãe, seu amor? (debate com M. Klein, Winnicott, Fairbairn...); b) qual é a idade em que o estímulo é eficaz? antes/depois dos 6 meses ou antes/depois do complexo de Édipo (debate com R. Spitz, A. Freud, Abraham...);

B) *as variações da resposta*: a) existe ou não luto na criança? De onde os estudos comparativos com as respostas observadas 1° nas espécies animais, 2° nas crianças de culturas primitivas, 3° nos adultos enlutados; b) existe uma duração observável da reação? Durante quantos dias, semanas, anos, as crianças apresentam a reação de luto? etc...

As discussões, o conteúdo do debate suscitado por Bowlby quanto às concepções psicanalíticas são, evidentemente, secundárias, e fonte de mal-entendidos, pois seus resultados são governados pela concepção behaviorista.

Depois da leitura de "Aflição e luto na infância e na primeira infância", vêm-nos à memória as linhas finais de "Situação da psicanálise e formação do psicanalista em 1956[8]". A propósito do behaviorismo analítico, e dos modelos – *patterns* – que este pode fornecer[9], Lacan notava o seguinte:

> Encontra-se aí a junção por onde a psicanálise tende para um *behaviorismo*, sempre mais dominante em suas "tendências atuais" [...]. O que não se pode deixar de dizer, aqui, é que Freud, prevendo especificamente essa colusão com o *behaviorismo*, denunciou-a antecipadamente como a mais contrária à sua via.

---

[8] Jacques lacan, *Écrits*, op. cit., p. 490.

[9] Ver as críticas recentes de Jean Allouch sobre "o luto" e "o trabalho do luto", como *pattern*, em *Érotique du deuil au temps de la mort sèche*, Paris, EPEL, 1995; em particular, a primeira parte do livro, que compreende "Pour un autre deuil", pp. 15-20 e "Étude a", que diz respeito a "Luto e melancolia".

Em nota, Lacan dava a referência: Ges. Werke, XIV, pp. 78-79. Pesquisa feita:

> Ela [a psicanálise] esbarra, assim, na América, com o *behaviorismo*, que se vangloria, na sua ingenuidade, de haver eliminado pura e simplesmente o problema psicológico[10].

Lacan faz com que Freud diga mais do que escreveu. Entre este choque sobre o qual Freud nos adverte imediatamente, em 1925 – ano da publicação de *Behaviorism* de John Watson – e a constatação da aliança que psicanálise e behaviorismo forjaram logo em seguida, três décadas se passaram... A perspicácia de Freud e a intransigência que dela deduz Lacan continuam a ser atuais. Então, que importância tem o texto de Bowlby?

Com efeito, se a psicanálise é criacionista em seu pensamento e singular em sua ação, todo o empreendimento de Bowlby vai contra isso. Medidas, modelos[11], prevenção: um moderno anti-risco, um novo contra-desejo entra em funcionamento... Vamos deixá-lo de lado? Justamente, não!

---

[10] Sigmund Freud: "Auch stöbt sie in Amerika mit dem *Behaviorism* zusammen, der sich in seiner Naivität rühmt, das psychologische Problem überhaupt ausgeschaltet zu haben." Selbstdartellung, (1925), Ges. Werke de 1948, t. XIV, pp. 78-79. *Sigmund Freud présenté par lui-même*, Paris, Gallimard, 1984, p. 89.

[11] Os modelos (*patterns*) que Bowlby pensa descobrir ou construir a partir da observação do comportamento das crianças são confortados por sua leitura re-interpretativa dos textos. E aí está um exemplo caricatural: em seguida ao artigo aqui apresentado, engajou-se uma discussão entre Bowlby, A. Freud, M. Schur e R. Spitz. Durante sua argumentação, A. Freud chegou a propor uma definição do luto: "O processo de luto [*The process of mourning* (*Trauerarbeit*)], tomado no seu sentido analítico, designa para nós o esforço do indivíduo para aceitar um fato situado no mundo exterior (a perda do objeto investido) e a efetuação das modificações correspondentes no mundo interno (a retirada da libido do objeto perdido)" que Bowlby arranja à sua maneira: "[...] em luto *normal* que podemos definir [...] como o *esforço bem-sucedido* de *um* indivíduo para reconhecer que uma modificação se produziu no mundo exterior e que ele *deve*, portanto, efetuar as modificações correspondentes em seu mundo interno de representações e reorganizar, até mesmo orientar seu *comportamento de apego de maneira concordante*", in *La perte*, op. cit., pp. 33-34 (grifado por nós). De deslizamento em deslizamento, torna-se evidente que o mal-entendido, até mesmo o contra-senso se instalam, a propósito de um conceito, e que Bowlby propõe não apenas um modelo, mas também um programa de luto.

Conhecer Bowlby é poder reconhecer as vinhetas clínicas pelo que são: *patterns*; reconhecer ensinamentos tais como "A anorexia e seu tratamento", ou "A histeria e seu tratamento" pelo que são: aplicações do esquema S-R (estímulo: a histeria, resposta: seu tratamento). Pois, se o *behaviorismo* teórico em vias de desaparecimento é substituído pelo cognitivismo, entre outros, uma espécie de "*behaviorismo* metodológico" generalizado sobrevive vigorosamente no próprio interior do campo freudiano.

A leitura dos textos de Bowlby nos permite apreender a fundamentação e o êxito atual dos modelos propostos por uma certa psicanálise: esses modelos são a caricatura de comportamentos "rotulados" como Psicanálise[12].

Para nós, restará isso: a etologia, discurso sobre os costumes e as maneiras e, precisamente, a vasta pesquisa de Bowlby trazem elementos para construir, com o método freudiano, uma outra versão... do luto, por exemplo[13]. Só podemos, pois, engajar o leitor no conhecimento das numerosas informações que Bowlby reuniu vinte anos mais tarde, no terceiro tomo de *Attachement et perte*.

---

[12] Cf. o luto psicologizado e tecnicizado patrocinado pela Sociedade de Tanatologia e um grupo de trabalho inter-associativo sobre o luto que agrupa, entre outros, Elizabeth Kübler-Ross France, os Irmãos dos Pobres, as profissões funerárias... lido no decorrer do XXIII° Congresso da Sociedade de Tanatologia. "Deuil et accompagnement", novembro de 1995.

[13] Cf. Jean Allouch, *Érotique du deuil*, op. cit.
Lacan abriu o caminho: com a psicologia concreta e a etologia, ele construiu o conceito de estágio de espelho de onde procedeu uma outra versão do eu, isto é, uma concepção do eu diferente daquela estabelecida por Freud; daí, igualmente, procedeu RSI. A partir daí, somente, pode-se compreender que a relação de objeto não implica forçosamente a constituição do outro, logo, do eu; as contradições sublinhadas por Bowlby entre os psicanalistas, ou entre certos psicanalistas e ele próprio, encontram aí uma solução.

Túmulo dos filhos de Carlos VIII
Carlos-Orlando, morto em 1495, e Carlos, morto em 1496.
Fotografia de Jean-Claude Arnoux.

Aflição e luto na infância e na primeira infância*[1]

John Bowlby, *M.D. (Londres[2])*

Em uma publicação anterior, "L'angoisse de séparation" [A angústia de separação], 1960, esbocei rapidamente a série de respostas observáveis quando as crianças pequenas são separadas de suas mães e confiadas a estranhos. Depois da descrição de três fases – protesto, desespero, desapego[3] – , frisei que:

> a fase de protesto expunha o problema da angústia de separação, a do desespero, o problema da aflição e do luto, e a do desapego, o da defesa. Eis a tese que formulo: as três respostas, que são a angústia de separação, a aflição e o luto, a defesa, são as fases de um único processo e, na observação dessas fases, cada uma esclarece as duas outras.

A hipótese formulada para dar conta da angústia de separação é um corolário daquela exposta anteriormente para explicar os laços da criança com a mãe (Bowlby, 1958b). Nessa publicação, sugeri que a ligação da criança com sua mãe se concebe melhor como a resultante de um certo número de respostas de caráter neuronal, pertencentes ao repertório

* "*Grief and Mourning in Infancy and Early Childhood*" é um artigo publicado em 1960 em *The Pshychoanalytical Study of the Child*, 1960, 15, pp. 9-51.

[1] Uma parte da primeira redação desta publicação foi lida diante da Sociedade Psicanalítica Britânica em outubro de 1959. Parte dessa versão foi apresentada como uma de duas conferências de Sandor Rado na Universidade de Colúmbia, Nova York, abril de 1960.

[2] A partir do Tavistock Child Development Research Unit.

[3] Em minhas publicações anteriores e nas primeiras redações desse texto, utilizei o termo *"Denial"* (recusa) para descrever a terceira fase. Como isso envolvia várias dificuldades, substituí-o pelo termo puramente descritivo de "*Detachment*" (desapego); ele indica "*Lack of Attachment*" (falta de apego).

comportamental do patrimônio humano. Comportamentos que, quando ativados em presença da imagem materna, têm por conseqüência a conduta de apego. Em meu ensaio sobre a angústia de separação, sugeria que a ativação do repertório neuronal comportamental na ausência da mãe acarreta o surgimento da angústia de separação e da conduta de protesto. Nesse ensaio e nos seguintes, emiti a hipótese de que a aflição e o luto ocorrem no recém-nascido a cada vez que as respostas de mediação da conduta de apego são ativadas e que a imago materna persiste em sua ausência. Agora admite-se amplamente que a perda da imago materna é um acontecimento de grande potencial patógeno, se ocorre entre seis meses e três ou quatro anos. Postulo que o processo de luto que se desenvolve demasiado facilmente nessa idade tem conseqüências desfavoráveis sobre o desenvolvimento da futura personalidade.

Essa tese parece ainda não ter sido considerada. Evidentemente, numerosos analistas expuseram pontos de vista que têm traços comuns com essa tese. Todavia, aqueles que se ocuparam dos distúrbios da relação de objeto na criança durante os primeiros anos de vida (Abraham, Édith Jacobson, Spitz, Sullivan) tenderam a não identificar como um luto os processos acarretados pela decepção e perda de amor; enquanto os que reconheceram a realidade da aflição e do luto no recém-nascido tenderam a se concentrar nos objetos parciais, em particular a perda do seio no momento do desmame, ou outros acontecimentos que sobrevêm no primeiro ano de vida. Melanie Klein e sua escola são o exemplo mais completo dessa tendência, com Fairbairn, Winnicott e Erikson, embora alguns estejam inclinados a estender o período de vulnerabilidade para além do primeiro ano. Anna Freud e Dorothy Burlingham observaram as respostas de crianças pequenas à perda da mãe e as reconheceram como aflição, sem no entanto fazer a ligação com a teoria do luto e melancolia.

Na medida em que as questões levantadas são em grande parte controvertidas e incidem sobre um longo período da literatura psicanalítica, cinco partes serão necessárias nesta exposição para lhe fazer justiça. Na primeira parte meu objetivo principal será mostrar que as respostas observadas nas crianças pequenas por ocasião da perda da imago materna pouco diferem materialmente daquelas observadas nos adultos quando da perda do objeto amado (com exceção, sem dúvida, de certas conseqüências). Como se trata de fatos empíricos, começarei por comparar os dados pertinentes de cada grupo etário. Somente depois examinaremos os textos psicanalíticos, e então, dentre outros temas, levarei em consideração a evidência, com base na qual tanto pesou a significação da perda do seio no momento do desmame no desenvolvimento da personalidade. Na segunda parte, "Processo de luto", terei como objetivo considerar novamente a natureza dos processos evocados pela perda de um objeto amado, e com este fim a atenção será voltada para as respostas observadas em espécies animais inferiores. Mais tarde meu objetivo será discernir que esclarecimentos minha abordagem pode trazer sobre este problema psicopatológico difícil e complexo. Voltarei uma atenção particular para a influência da perda precoce da mãe como antecedente pertinente no desenvolvimento de personalidades sujeitas à depressão e outras doenças psiquiátricas; essas patologias se compreendem melhor se as considerarmos como seqüelas de um luto patológico.

Antes de ir mais longe, vou definir o sentido em que certos termos serão utilizados. "Luto" irá definir o processo psicológico desencadeado pela perda de um objeto amado que alcança normalmente a renúncia ao objeto perdido. "Aflição" definirá a seqüência de estados subjetivos que se seguem à perda e acompanham o luto. Certos analistas, entre os quais Winnicott (1954), preconizam a restrição do termo "luto" somente aos processos que terminam favoravelmente. Creio que isso não é satisfatório. A integração da psicopatologia à teoria geral da personalidade é uma das contribuições principais da psicanálise; utilizar um termo diferente para designar um processo, conforme este se verifique psicopatológico ou não, parece-me ir de encontro a essa integração, e até mesmo capaz de comprometê-la. É por isso que o termo "luto" será utilizado para significar uma gama bastante ampla de processos psicológicos deslanchados pela perda do objeto amado, qualquer que seja a sua resolução. Isso nos permitirá discutir as diferentes vias tomadas pelo luto, sadio ou patológico, e estabelecer uma relação entre elas. Existem certas respostas à perda, como a substituição do objeto ou a excitação maníaca, tão afastadas do luto normal que pode parecer perturbador incluí-las sob este termo; isso necessita a utilização do conceito de "resposta à perda", e será discutido por mim em mais detalhes num próximo artigo.

O termo "depressão" será utilizado de uma maneira que não implica obrigatoriamente significação patológica: isso exige explicações. É, em parte, normal que no processo do luto o sujeito fique depressivo. Em razão da conduta de retração do sujeito, este fenômeno é percebido pelos próximos, e pelo próprio sujeito, como uma impressão de inércia e de ausência de motivação. Todavia, essa conduta, embora partida essencialmente do luto, não está reservada aos enlutados. Isso se produz também em seguida a outras perdas e em muitas outras circunstâncias. Além do mais, personalidades sadias, tanto quanto doentes, estão sujeitas a isso. Como o termo "depressão" é utilizado tanto na linguagem corrente quanto nas discussões clínicas, é empregado geralmente para descrever esse estado, e é nesse sentido que será utilizado aqui. Em contrapartida, vamos chamar "doença depressiva" ou "melancolia" a síndrome clínica, patológica em alto grau, da depressão. Essa terminologia está na linha daquela empregada por Elisabeth Zetzel (1960), que distingue a depressão como "afeto integrado à vida psíquica", e nisso comparável à angústia, da síndrome clínica onde o sintoma é constituído por uma depressão profunda, por ela chamada "doença da depressão". Isso difere de numerosos autores que não fazem essa distinção e nos quais o termo "depressão" designa tanto o estado afetivo comum quanto a doença.

Os termos "infância", primeira infância" e "tenra idade" são utilizados num sentido cada vez mais limitativo. "Infância" faz referência à duração da vida do nascimento à adolescência; "primeira infância" aos três ou quatro primeiros anos, mas, mais precisamente, ao segundo e terceiro anos; quanto ao período dos primeiros passos, a "tenra idade" se refere aos doze ou quinze primeiros meses.

O caráter mais impressionante que se observa à leitura da literatura psicanalítica concernente ao nosso tema é a ausência de referência aos termos "aflição" e "luto". Isso vale para os trabalhos de Ferenczi (1916, 1926), Jones (1948), Balint (1952) e Fairbairn (1952), de Anna Freud em *O eu e os mecanismos de defesa* (1936); mesma ausência no recente simpósio sobre a depressão editado por Phyllis Greenacre (1953). Tudo isso sugere que, apesar dos primeiros trabalhos de Freud e de Abraham e da constante insistência de Melanie Klein, o interesse pela psicopatologia do luto e da aflição, quando sobrevêm na tenra infância e na primeira infância, não foi e ainda não é levado em conta o suficiente. A meu ver isso se deve à aliança com a teoria do narcisismo infantil, que permanece como uma particularidade do trabalho de numerosos psicanalistas conhecidos. Parece-me que o termo "narcisismo" evoca a imagem de um indivíduo egoísta, centrado em seu eu, cujas demandas são exorbitantes e irrazoáveis; o que faz com que, quando a criança de tenra idade é descrita como narcísica, passe-se ao largo de uma justa apreciação de suas esperanças e decepções. Na verdade, descrever a perda da mãe ou a perda de seu amor como uma "ferida grave do narcisismo primário", como fazem Abraham e muitos outros, faz perder sua verdadeira significação. Temo que não seja por acaso que a realidade e as implicações patogênicas da aflição vivida na primeira infância sejam tão freqüentemente deixadas de lado.

Esse erro não é cometido por Melanie Klein e seus discípulos, nem por Balint, Fairbairn, Winnicott e muitos outros, que mantêm que está na natureza das respostas instintivas da criança buscar o objeto desde o primeiro dia, e que portanto construíram sua psicopatologia sobre esta suposição. Suposição, todavia, devida à tendência amplamente difundida que identifica pela oralidade a dinâmica do laço mãe-criança; assim, esses analistas tendem a considerar a perda do seio no momento do desmame como não somente a primeira, mas também a maior perda significativamente patológica sofrida pela criança. Além disso, porque na cultura ocidental o desmame se efetua na maioria das vezes durante o primeiro ano, é nesse período crucial dos primeiros meses da vida que a capacidade de tolerância à perda se realiza ou não. Isso é particularmente verdadeiro na teoria de Melanie Klein.

Minha tese é que a importância dada à perda do seio foi exagerada. Quando ela parece ser a conseqüência disso, é de fato porque vem ao mesmo tempo que a separação ou perda do contato próximo com a mãe. Por conseguinte, a insistência de Melanie Klein em situar o processo que ela chama de "posição depressiva" durante os primeiros meses é um erro. Em minha opinião, o traumatismo principal potencialmente presente na vida da criança pequena é a perda da mãe, ou a perda de seu amor; e os processos ligados à posição depressiva de Melanie Klein, que concebo de maneira análoga mas com alguma diferença, estendem-se, com efeito, durante um período que começa em torno do sexto mês para prosseguir até o quarto ano e para além dele[4]. Creio que há, durante esse período, o perigo de que a criança seja submetida a experiências geradoras de angústia de separação, de luto e de aflição, de tal maneira que sejam suscetíveis de perturbar o desenvolvimento da personalidade.

A meu ver, essa hipótese é mais satisfatória que os fatos clínicos colhidos junto a nossos pacientes mais velhos e seus pais, *a posteriori* e na obscuridade; ela está muito mais em correspondência com nosso saber atual sobre a longa fase de apego da criança pequena a sua mãe e sobre a aflição profunda devida à perda ou ameaça de perda desta. Penso, pois, que a hipótese ora formulada teria sido mantida mais cedo se a fase de apego à mãe fosse levada em conta, em lugar do narcisismo primário ou da oralidade.

Embora, nesse ponto, eu vá divergir dos trabalhos de Melanie Klein, Fairbairn e Winnicott, devo apesar disso exprimir minha profunda dívida para com eles. A meu ver, mais do que qualquer outro analista vivo, com exceção talvez de Balint e Thérèse Benerek, eles enfrentaram o problema crucial do desenvolvimento da personalidade – desenvolvimento de relações de objeto e de respostas favoráveis ou não à perda do objeto.

O fato de minha tese não ser muito exposta em sua forma atual pode também provir do pouco peso na elaboração da teoria da observação direta de crianças pequenas, embora Freud tenha mostrado em uma de suas primeiras publicações que as crianças eram um complemento indispensável na reconstrução teórica obtida a partir de pacientes mais velhos[5]. Diante desse problema e de muitos outros, fracassamos em reunir os dados oriundos de duas fontes, adulto e criança, o que nos impede, a despeito do conselho de Freud, de apresentar uma teoria unificada.

Devo sublinhar que, na medida em que esta publicação e as seguintes terão por objeto considerar as implicações teóricas da observação da aflição e do luto em crianças pequenas, a compreensão da depressão e da melancolia enquanto afeto integrado à vida psíquica não será aqui nossa principal preocupação. Todavia, como a discussão sobre a angústia

---

4 Como pude dizer claramente antes, creio que nos faltam as provas que permitiriam elaborar uma teoria afirmada sobre o desenvolvimento humano antes da idade de seis meses.

5 Ver Freud (1905, p. 201). Ver igualmente o ponto de vista de Hartmann (1939).

de separação exige inevitavelmente levar em conta o problema geral da angústia, não poderemos, nesta publicação, escapar a algumas considerações sobre esta última. Aliás, como muitos analistas, de Freud a Abraham e mais além, duvido que seja benéfico considerar todo aspecto da depressão normal ou patológica sem levar em conta a experiência da perda e do processo do luto.

Comparações de respostas em adultos e crianças pequenas

Da publicação anterior, vamos conservar a idéia de que, quando uma criança saudável com mais de seis meses vê a imagem materna a quem está apegada ser retirada e substituída pela de um estranho, sua primeira resposta é chorar e buscar reencontrá-la.

> Muitas vezes ela vai chorar alto, agitar-se em seu berço, jogar-se para todos os lados e ficar à espreita de qualquer imagem ou ruído que assinale sua pertinência à mãe.

Essa fase de protesto vai durar uma semana ou mais, com altos e baixos. Durante todo esse período, a criança parece sustentada em seus esforços pela espera e pela esperança do retorno materno.

Mas, cedo ou tarde, o desespero se instala. O desejo da volta da mãe não diminui, mas a esperança de sua realização se desgasta. Por fim, cessam as demandas agitadas e ruidosas; a criança fica apática e fechada num desespero só interrompido, de vez em quando, por um gemido monótono; a criança está num estado de miséria indizível.

Embora este quadro seja conhecido há séculos, foi apenas nas duas últimas décadas que ele pôde ser descrito e chamado por seu verdadeiro nome na literatura psicanalítica: aflição[6]. Este termo é utilizado por Anna Freud e Dorothy Burlingham (1942), por Spitz (1947) no título de seu filme *L'Affliction: un péril de l'enfance* e por Robertson (1953), que

[6] Na literatura psicanalítica, o termo "aflição" é às vezes empregado para descrever ao mesmo tempo o processo da perda e os processos psicológicos que se seguem. Apresentando minhas próprias idéias, reduzo a acepção do termo à experiência subjetiva, mas quando apresento o trabalho de colegas, seria inadequado utilizar esse termo fora do sentido dado pelo autor discutido. É o caso desse parágrafo.

durante esses dez últimos anos estudou particularmente as implicações práticas da aflição. A propósito da criança dos dezoito aos vinte e quatro meses, Robertson escreve:

> Se uma criança dessa idade é retirada dos cuidados de sua mãe, quando está tão possessiva e apaixonadamente apegada a ela, é realmente como se seu mundo se despedaçasse. Sua intensa necessidade dela não é mais satisfeita, e a frustração e seu desejo ardente podem colocá-la num estado de desgosto frenético. É preciso um esforço de imaginação para sentir a intensidade de seu desespero. A criança fica tão acabrunhada quanto um adulto que sofre o falecimento de um ser amado. Para uma criança de dois anos, com sua ausência de compreensão e sua incapacidade de tolerar a frustração, é realmente como se a mãe estivesse morta. Ela não conhece a morte, somente a ausência; e se a única pessoa que pode satisfazer suas necessidades imperativas está ausente, ela poderia muito bem estar morta, de tal forma é aniquiladora a sua sensação de perda.

Apesar dessas observações e das conclusões estabelecidas por pesquisadores respeitados, mesmo assim exprimiu-se uma dúvida quanto a se temos razão de fazer equivaler essa experiência àquela experimentada por um adulto enlutado. Será uma verdadeira aflição? Será seguida por um verdadeiro luto? Há alguns anos, antes que Anna Freud e Dorothy Burlingham divulgassem seus trabalhos sobre os problemas da guerra, Hélène Deutsch (1937) sugeriu que o que era vivido pelo eu mais maduro como aflição teria sido vivido na primeira infância somente como uma angústia de separação[7]. É ainda mais surpreendente que o próprio Spitz, que tanto fez para atrair a atenção sobre esses problemas, tenha, em sua publicação "La dépression anaclitique" [A depressão anaclítica] (1946), rejeitado a idéia de que aquilo que observava fosse um processo de luto.

---

[7] Na recente tradução de uma das primeiras publicações de Hélène Deutsch (1919), onde ela dá em detalhes as respostas de um menino de dois anos à partida de sua babá, faz referência a seu "desespero" e "ao sexto dia de seu luto" (*"am sechsten Tage seines Kummers"*). Devido ao debate concernente à duração do luto nessa idade, é possível notar que, apesar da presença imediata de substitutos familiares (inclusive sua mãe), a angústia do menino durou oito dias e acarretou uma mudança notável em sua personalidade.

Além disso, Anna Freud, ao identificar o afeto como aflição, anotou sua convicção de que, durante o primeiro e o segundo anos, sua duração se estenderia no máximo a alguns dias, nos casos onde um substituto apropriado estivesse disponível. Por causa da existência dessas dúvidas relativas à emergência da aflição e do luto na primeira infância e à sua duração, seria melhor que antes de considerar mais adiante as opiniões de outros autores examinássemos os fatos evidentes. Quando os resultados das respostas à perda do objeto pelos adultos e pelas crianças estiverem confrontados, é certo que as similaridades nas respostas serão claramente identificadas.

Vamos considerar inicialmente a descrição da aflição e do luto vividos por adultos depois de uma perda. Uma das mais compreensíveis é aquela de Lindemann (1944) que, num estudo detalhado de cem casos, pôde confirmar e ampliar o conhecimento do curso normal dos acontecimentos relatados na literatura psicanalítica anterior. Alguns de seus casos já estavam em tratamento por dificuldades psiconeurológicas ao ocorrer o luto. Outros eram pessoas comuns que haviam perdido recentemente um parente. Seu método de estudo possibilitou uma observação em primeira mão e um registro da aflição aguda. Outro estudo valioso é o de Marris (1958), um investigador que combina o *savoir-faire* sociológico com a sensibilidade clínica. Marris fez entrevistas pontuais com um número absolutamente representativo de setenta e duas viúvas com idades de vinte e cinco a trinta e seis anos, durante os dois anos subseqüentes à perda de seus maridos. Embora seu interesse inicial se situasse no domínio social e econômico, ele se deu conta de que sua pesquisa seria sem valor se não levasse em conta a aflição e o desgosto ainda sofridos por esses sujeitos. O grande mérito das descrições de Lindemann e Marris é serem baseadas na observação de uma amostragem maior e mais representativa de pessoas sofredoras do que é habitual na literatura clínica. Quanto aos modelos comuns de respostas e suas seqüências no tempo, há um acordo entre eles; concordam, igualmente, com os psicanalistas e psico-sociólogos (por exemplo, Shand, 1920; Walter, 1951; Eliot, 1955). Os fatos principais não são novamente questionados.

Proponho agrupar as respostas psicológicas descritas por esses diferentes pesquisadores em cinco capítulos principais:

a) Pensamento e comportamento ainda dirigidos ao objeto perdido.

b) Hostilidade voltada contra todos.
c) Pedidos de socorro.
d) Desespero, isolamento, regressão e desorganização.
e) Reorganização do comportamento reorientado para um novo objeto.

Além dessas respostas psicológicas, manifestam-se respostas fisiológicas, como a insônia, presente em 80% dos casos de Marris. Lindemann, que descreve essas respostas em detalhe, viu nelas, como Engel (1954) e outros, a origem de muitas doenças psicossomáticas. Todavia, na medida em que tais seqüelas estão fora do campo dessa publicação, elas não serão mais discutidas aqui.

Todos os relatórios nos mostram com insistência que os comportamentos, os sentimentos e o pensamento permanecem orientados para a pessoa perdida. A despeito da certeza de que a pessoa não voltará, existe ainda assim a permanência de uma sensação de presença. As observações de Lindemann e Marris confirmam a formulação conhecida de Freud em "Luto e melancolia" (1917):

> O exame da realidade demonstrou que o objeto amado não existe mais e convida agora a retirar toda a libido de suas ligações com esse objeto. Uma compreensível reação se eleva contra isso – é comum observar que o ser humano não abandona facilmente uma posição libidinal, nem mesmo quando um substituto já se encontra em perspectiva. Essa reação pode ser então tão intensa que leva a um desvio da realidade e a manter o objeto por uma psicose alucinatória de desejo ("Luto e melancolia", trad. *La Transa*, p. 7).

Marris (1958) descobriu que mais da metade das viúvas interrogadas experimentou, depois da morte de seus maridos, uma sensação de sua presença contínua, e um quarto delas confessou que havia vivido, ou continuado a se comportar, como se ele ainda fosse vivo:

> Eu punha a água para ferver e preparava chá para ele. Ou, quando entrava em casa e não o encontrava, achava que ele acabara de sair. Algumas delas falavam com suas fotografias e imaginavam que eles as aconselhavam, agarravam-se a todos os seus objetos pessoais e voltavam aos lugares que haviam freqüentado juntos.

Nesse sentido, a conduta da Rainha Vitória, que persistiu nesse estado por um tempo excepcionalmente longo, era banal.

Todas as observações convergem igualmente para a freqüência do sentimento de perda e de hostilidade dirigidas ao objeto perdido, para outros objetos, ou para o próprio sujeito. Lindemann se refere a "sentimentos de hostilidade surpreendentes e absolutamente inexplicáveis de pacientes" que pareciam, às vezes, "espalhar-se a todos os seus parentes" e que outras vezes eram canalizados numa "hostilidade furiosa contra certas pessoas; o médico ou o cirurgião são acusados amargamente de negligência em sua função". Marris descreve uma mulher que "admite tristemente que, no primeiro frenesi de sua dor, atacou o médico sem razão nenhuma, pedindo desculpas depois. "Simplesmente, perdi a razão, o pobre Doutor Roberts recebeu uma boa saraivada de tapas". Ela acrescentou: "Depois disso, perdi todo o interesse e a depressão se instalou." Marris comenta: era "como se a raiva, durante esse tempo, lhe houvesse dado coragem". É fato bem conhecido que essas críticas e sentimentos hostis retornam no sujeito sob a forma de um sentimento profundo de culpa e desprezo por si. Outras vezes, os sentimentos são dirigidos para a imagem perdida sob forma de queixas.

A tendência do "enlutado" a buscar consolo e ajuda junto a outros foi particularmente observada por Shand (1920):

> Quando podemos resistir, observa ele, podemos nos encolerizar; quando não podemos resistir, só há lugar para a tristeza... A tristeza parece ter uma utilidade essencial – o choro para obter ajuda ou socorro.

A grande dificuldade com tais apelos é que o enlutado só faz demandas irrazoáveis, ou então parece não saber o que quer: torna-se freqüentemente irritável e ingrato com aqueles que tentam ajudá-lo.

No sujeito normal, os pedidos de ajuda e a raiva voltada contra outro, bem como as censuras dirigidas a si mesmo, não continuam indefinidamente; também a ilusão, quer seja aceita e alimentada ou ressentida e desencorajada, não torna presente a imagem perdida. Cedo ou tarde a realidade se instala e com ela se desenvolve uma consternadora "sensação de futilidade e de vazio da vida". Isso foi expresso a Marris em frases como:

> Eu não tinha mais objetivo na vida.
>
> Nem mesmo cozinhava um pouco, tanto fazia se morresse amanhã.

> Não tenho mais interesse, jamais teria suportado ver a casa desse jeito quando meu marido era vivo. Não me abalaria se uma bomba caísse sobre a casa amanhã.

É provável que, como clínicos, não nos demos conta de que as manifestações de uma tal gravidade sejam de fato a regra no luto: Marris relata sua freqüência em pelo menos dois terços dos casos. Associada a essa apatia, encontramos...

> uma tendência ao isolamento e à recusa do consolo... geralmente este é rejeitado, seja por indiferença – "eu não queria ter que lidar com as pessoas" –, seja pela reatualização do sofrimento, ou ainda por um sentimento que se generaliza: "Eu odiava todo mundo". Às vezes, estar acompanhada e, *a fortiori*, em companhia de casais, fazia-as sentir ainda mais a solidão. (Marris, 1958, pp. 20-21).

Sem dúvida, de todas as dificuldades para o enlutado, a maior é a inexplicável oscilação de seus sentimentos de um momento a outro. Eliot (1955) descreve:

> [...] Os paroxismos manifestos de choros, protestos, etc., as crises de desgosto ou de raiva podem ser seguidas por episódios momentâneos descritos de maneira variável como ausência, desespero, mutismo, imobilidade, incapacidade de agir ou mesmo de mover-se [...]. A despossessão está cheia de conflitos ambivalentes, de desespero e de desejos ardentes. [Ele observa] essa contradição incompreensível da memória e da não-existência[8].

O caráter mais impressionante na fase de apatia é a perda do modelo de organização normal da atividade. Lindeman o descreve muito bem para nós:

> Há agitação, incapacidade de se ficar tranqüilo, idas e vindas sem objetivo, uma constante procura de atividades... O que é feito, faz-se sem animação, como um fato de rotina. O despossuído agarra-se a essa rotina quotidiana de atividades estabelecidas; mas essas atividades não se desenvolvem da maneira automática e auto-sustentada que caracteriza um trabalho normal, mas devem ser feitas com esforço, como se cada parte da atividade se tornasse uma tarefa especial. O enlutado fica surpreso ao constatar como uma grande parte

[8] Citado por Eliot em Proust, "Les villes de la clarté".

> de suas atividades normais era portadora de sentido em relação com o defunto e perdeu agora sua significação; em particular nas inter-relações sociais habituais – ver os amigos, conversar, associar-se a outros –, tudo isso parece perdido.

Embora o conceito de regressão possa nos dar uma explicação apropriada, creio que o conceito mais válido é o da desorganização; segundo Lindemann,

> existe [...] uma dolorosa falta de capacidade para iniciar e manter modelos de atividades organizadas.

Esta é uma maneira de conceitualizar os dados, seguindo a teoria exposta para levar em conta o laço da criança com sua mãe; uma daquelas às quais voltaremos numa próxima publicação, quando discutirmos a teoria da aflição e do luto.

A essa fase de desespero e de desorganização segue-se uma fase de convalescência durante a qual a reorganização se estabelece, em parte relacionada com a imagem do objeto perdido e em parte com um novo ou novos objetos. É uma fase transitória. Na medida em que uma reestruturação da relação com a imagem do objeto perdido se efetua, a fase final do luto se estabelece; na medida em que um novo objeto é encontrado, estamos na primeira fase da relação com um novo objeto. Menos dramáticas, as descrições dessa nova fase são também menos claras.

Uma particularidade é comum aos homens e às mulheres e em relação com nosso tema: é o período de confusão que intervém entre o abandono do objeto perdido e a busca de um outro (Waller, 1951; Eliot, 1955).

Comparemos agora esse quadro de aflição e luto nos adultos com aquilo que se observa nas crianças pequenas que perderam suas mães. Fazendo essa comparação, uma grande parte dos fatos encontrados concerne ao comportamento das crianças pequenas afastadas não apenas de suas mães mas também de todo o meio familiar. Sob tais condições, a perda da mãe não é, certamente, a única variável; e pode se colocar a questão de sua posição de variável principal. Estaremos, de fato, justificados em nos basear em tais informações? É necessária uma palavra de explicação.

Como ilustra o gráfico do relatório de Hélène Deutsch (1919), as crianças pequenas, mesmo quando permanecem em sua própria casa e têm à sua disposição substitutos familiares disponíveis, respondem à perda da imagem amada com desespero e desgosto. Essa constatação, e o fato de que se a criança for colocada numa creche ou enfermaria de hospital sua resposta constante e persistente se manifesta por choros e gritos pela mãe, sugere que a perda da mãe é, de fato, a principal variável dessa situação. Todavia, é claro que o medo induzido pela estranheza do novo ambiente intensifica em muito a resposta à sua perda. A partir de comparações semelhantes, Robertson e eu mesmo (1952) concluímos que o comportamento observado no hospital e na creche não era de um gênero diferente, mas uma versão intensificada do que acontece quando a perda da mãe é a única variável. Ainda que o reconhecimento desses fatos nos convide a não generalizar demasiado depressa, um aumento do que deve ser estudado apresenta uma certa vantagem. Pensamos que o mesmo se dê aqui.

Quais são, então, as respostas das crianças pequenas à perda da imagem da mãe? De maneira típica, elas mostram um conjunto e uma seqüência de respostas quase idênticas àquelas dos adultos. Depois do protesto inicial e da demanda da volta da mãe, que pode muitas vezes durar vários dias, a criança se torna mais calma. Seria errôneo, porém, supor que isso signifique que a criança "esqueceu" seus pais. Ao contrário, todos os fatos indicam que, como o adulto, ela permanece perfeitamente orientada para a perda do objeto amado. Robertson registrou diversos casos de crianças pequenas cuja ardente espera pela mãe ausente era claramente aparente, mesmo que, por momentos, fosse tão muda que não se a podia perceber. A propósito de Laura, personagem do filme *Un enfant de deux ans va à l'hôpital* [Uma criança de dois anos vai para o hospital] (1952), ele escreve:

> Ela intercalava, sem emoção e como se fossem fora de propósito, as palavras "quero minha mãe", "onde foi minha mãe?" – em observações a respeito de outras coisas e, quando ninguém destacava a frase inoportuna, ela não repetia a "incongruência". A mesma criança deixava às vezes aparecer em canções seus sentimentos ocultos e inconscientemente substituía pelo nome de "mamãe" o de algum personagem da cantiga infantil. Uma vez, ela exprimiu o desejo urgente de ver o rolo compressor que acabava de sair do caminho, embaixo da sala onde se encontrava. Estava chorando: "Quero ver o rolo

compressor, quero ver o rolo compressor, quero ver *Mamãe*, quero ver o rolo compressor."

Uma outra criança, com três anos de idade, hospitalizada há dez dias, era considerada feliz pela enfermeira. Parecia divertir-se com uma brincadeira estranha, abaixando e voltando a cabeça de maneira repetitiva. Quando o observador se aproximou, ficou claro que, de fato, essa criança fazia os movimentos para olhar em direção a uma porta fechada, murmurando "mamãe logo vai chegar" quando, na verdade, sua mãe só estava autorizada a vê-la dali a dois dias (Robertson e Bowlby, 1952).

Para o observador atento, uma tal orientação persistente à perda da mãe é também patente em crianças mais novas. Foi assim que Robertson registrou o caso de Philip, de apenas treze meses, quando de sua colocação numa creche. Embora fosse pequeno demais para verbalizar qualquer desejo pela mãe, a equipe encarregada observou que durante esses dias de inquietação, e mesmo mais tarde, cada vez que Philip se frustrava ou ficava perturbado, cantava "Dando voltas no jardim", mexendo-se ao ritmo da música; essa canção era utilizada pela mãe para acalmá-lo quando se encolerizava em casa.

Anna Freud e Dorothy Burlingham registraram diversos casos de ardente nostalgia, persistente mas muda, pela mãe ausente. Já tivemos ocasião de citar (ver Bowlby, Robertson e Rosenbluth, 1952) o estudo feito na creche de Hampstead sobre um menino de três anos e dois meses. Ao ser deixado na creche, foi-lhe pedido que fosse um bom menino e não chorasse, ou sua mãe não viria vê-lo.

> No primeiro dia, Patrick tentou manter sua promessa e não ser surpreendido chorando. Em vez de chorar, ele balançava a cabeça quando alguém o olhava e assegurava a si mesmo, bem como a todos que o quisessem escutar, que sua mãe viria vê-lo, vestiria seu casaco e o levaria para casa consigo. Cada vez que alguém parecia acreditá-lo, ficava satisfeito; quando alguém o contradizia, irrompia violentamente em soluços.
>
> Este estado prosseguiu com maior ou menor intensidade durante dois ou três dias. O balançar da cabeça assumiu um caráter compulsivo e automático: "Minha mãe vai me vestir o casaco e me levar para casa".
>
> Mais tarde, acrescenta uma lista cada vez maior de roupas que sua mãe lhe

> deverá vestir: "Ela vai me vestir o casaco e as galochas, vai fechar o zíper e vai me botar o boné".
>
> Quando a repetição dessa frase se tornou monótona e infindável, alguém lhe perguntou se não podia parar de repeti-la o tempo todo. Ainda aí, Patrick tentou ser o bom menino que a mãe queria que ele fosse. Parou de repetir a fórmula em voz alta, mas os movimentos de seus lábios demonstravam que a repetia continuamente para si mesmo.
>
> Ao mesmo tempo, substituiu as palavras por gestos que mostravam a posição de seu boné, fingia vestir um casaco, fechar o zíper, etc. O que era movimento expressivo num dia reduzia-se no dia seguinte a um ligeiro tremor dos dedos. Enquanto as outras crianças ocupavam-se com seus brinquedos, faziam música, etc., Patrick, totalmente desinteressado, ficava de pé num canto, mexendo as mãos e os lábios, uma expressão trágica no rosto (p. 89).

Ao ler esses relatos, lembramos inevitavelmente o comentário de Freud:

> É comum observar que o ser humano não abandona facilmente uma posição libidinal, nem mesmo quando um substituto já se encontra em perspectiva.

Como nos casos dos adultos, o desejo persistente da criança pequena por seu objeto de amor perdido é muitas vezes colorido por uma intensa hostilidade generalizada. Isso foi relatado por diversos pesquisadores, dentre os quais Robertson (1953), e foi uma das descobertas mais marcantes do estudo sistemático de Heinicke (1956). Heinicke comparou o comportamento de dois grupos de crianças com idades de dezesseis a trinta e seis meses[9], um residindo noite e dia numa creche e outro que ali passava apenas o dia. Não somente as crianças que passavam a noite na creche choravam mais pela mãe que as crianças do grupo diurno, mas também mostravam uma hostilidade muito mais violenta e de um caráter raramente encontrado na creche no outro grupo. Os alvos dessa hostilidade eram tão variados que se tornava difícil saber a quem ela se dirigia: como nos adultos descritos por Lindemann, essa hostilidade "estendia-se a todos os próximos".

---

[9] Embora o critério de amostragem fosse de quinze a trinta meses, a variação foi mais reduzida.

A hostilidade é dirigida às vezes ao próprio objeto de amor perdido. Anna Freud e Dorothy Burlingham (1944) dão um exemplo impressionante:

> Reggie, que tinha vindo para nós na idade de cinco meses, voltou para a casa da mãe aos vinte meses e passou algum tempo conosco ao voltar para a creche, dois meses depois. Enquanto estava conosco, estabeleceu duas relações apaixonadas com duas jovens babás que se ocupavam dele em diferentes momentos. A segunda ligação rompeu-se de repente, aos dois anos e oito meses, quando "sua" própria babá se casou. Depois de sua partida, ele ficou perdido e desesperado, recusando-se a olhar para ela quando veio visitá-lo duas semanas depois. Voltava a cabeça quando ela lhe falava, mas olhava fixamente para a porta que se tornara a fechar por trás dela, quando saíra de seu quarto. À noite, sentou-se em sua cama e disse: "Minha Mary-Ann, minha! e eu não gosto dela" (pp. 62-63).

Como já disse muitas vezes (Bowlby, 1944, 1951, 1958), creio não haver experiência a que uma criança pequena seja exposta mais propícia a atrair um ódio intenso e violento contra a figura da mãe que a da separação. Embora freqüentemente mencionada na literatura psicanalítica, creio que sua significação é ainda gravemente subestimada.

Como o adulto que espera apaixonadamente e a quem falta uma pessoa precisa não encontra por isso nenhum conforto junto a quem quer que seja, assim faz a criança separada, repelindo as atenções daqueles que tomam conta dela. Embora seus pedidos de ajuda sejam urgentes, sua conduta é muitas vezes tão contraditória e frustrante para aqueles que gostariam de apaziguá-la quanto a de um adulto recentemente enlutado. Ela tanto pode agarrar-se à babá ou repeli-la aos prantos depois da perda da mãe. Anna Freud e Dorothy Burlingham nos relataram o caso de uma menina de dezessete meses que não disse nada, a não ser: "Mam, mam, mam" durante três dias e que, sentada no colo da babá, dava-lhe as costas para não vê-la, embora esta a abraçasse.

Ainda assim, a rejeição completa ou parcial do adulto estranho não dura indefinidamente. Depois da fase de introspecção e apatia já descrita, a criança começa a procurar novas relações. A maneira como estas se desenvolvem depende da situação em que ela se encontra. Na medida em que se assegurar de uma imagem materna a quem poderá fazer referência, ela pouco a pouco irá se ligando a esta e vai tratá-la, sob certos aspectos, como se fosse sua mãe. Quando a criança não encontra uma pessoa a quem possa se referir ou quando só encontra uma sucessão de pessoas com as quais tem somente uma breve ligação, o resultado, naturalmente, vai diferir. Como regra geral, a criança se fecha cada vez mais em si mesma e tem somente relações transitórias e superficiais com todos os adultos encontrados. Essa condição, que lembra a promiscuidade sexual transitória dos adultos enlutados, seria de mau augúrio para seu desenvolvimento se se tornasse um modelo de comportamento estabelecido.

Houve numerosos debates concernentes à duração do período durante o qual a criança pequena fica em estado de luto. Por exemplo, segundo Anna Freud e Dorothy Burlingham (1942), "ele seria de curta duração", em particular nas crianças de um a dois anos e nesse sentido difere muito do luto encontrado nos adultos. Essa opinião difere das observações de Robertson, efetuadas em numerosos hospitais e creches, inclusive numa creche onde a instalação de um substituto materno desde o início da separação é prática corrente. Essa opinião diverge também daquela relatada em várias publicações relativas ao trabalho nas creches de Hampstead durante a guerra.

À parte o relatório de Hélène Deutsch (1919), que mostra que, mesmo sob as condições mais favoráveis, a angústia patente pode durar oito dias, o estudo mais significativo que conheço até hoje é aquele a que já me referi, o de Heinicke (1956). Ele estudou seis crianças com idades de dezesseis a vinte e quatro meses que passavam um curto período em uma de três creches. Dentre elas, quatro tinham pelo menos vinte meses. Na creche,

> cada criança fazia parte de um grupo específico e era cuidada por um pequeno número de atendentes. Assim, era possível para cada criança ligar-se ao mesmo tempo às babás e às crianças de seu grupo.

Heinicke estudava, pois, crianças em idade próxima àquela que se debate, e numa creche onde ocorria uma tentativa de se satisfazer a necessidade de apego das crianças. Estas foram observadas por um período de cerca de uma hora a cada dois dias durante sua estada (nos fins de semana, um em cada três dias). Os resultados são apresentados de forma estatística.

As observações de Heinicke relatam muitas lágrimas e gritos destinados à mãe e ao pai durante toda a duração dos primeiros doze dias. Durante o terceiro, quarto e quinto dias, cerca de 17% dos comportamentos observados – que se manifestavam por choros – relacionavam-se quase todos com a ausência da mãe ou do pai. Durante o décimo e décimo-primeiro dias, as crianças ainda choravam, e nesse período numa proporção de 12% quase todas, com exceção de uma pequena fração, choravam a ausência dos pais. O comportamento auto-erótico e uma hostilidade pronunciada, presentes por ocasião da primeira semana, amplificaram-se na segunda; durante os décimo, décimo-primeiro e décimo-segundo dias, totalizavam mais de 18% dos comportamentos observados. Assim, no meio da segunda semana, quase um terço dos comportamentos observados nessas crianças consistiam em uma destas três atividades, todas indicativas de uma perturbação emocional, a saber, chorar os pais ausentes, entregar-se a uma atividade auto-erótica ou desenvolver uma intensa agressividade. Mesmo na metade da terceira semana, o total ainda era de perto de um quarto dos comportamentos observados.

Devido ao pequeno número de crianças e de erros possíveis causados pela amostragem no tempo, não se pode dar peso excessivo a essas cifras. Aliás, estudando uma segunda amostragem, Heinicke (comunicação pessoal) observou que na segunda semana havia menos choro pelos pais ausentes. Todavia, como o teor geral das observações de Heinicke confirma as observações mais extensivas, mas menos sistemáticas, de Robertson, elas demonstram que nas crianças desse grupo etário o luto persiste com freqüência durante a terceira semana.

A divergência entre essas conclusões e as de Anna Freud pode ser devida em parte às condições de observação diferentes. Mesmo assim, certas diferenças são atribuíveis, creio, aos critérios que ela manteve para determinar o fim do luto. Anna Freud sugeriu[10] que o luto se limitava ao tempo decorrido entre a perda da mãe e a aceitação pela criança de uma nova pessoa alimentadora e consoladora. A meu ver, este critério pode induzir a erro. As crianças dessa idade aceitam uma pessoa que alimenta e conforta muito tempo antes que os sinais de aflição tenham desapareci-

[10] Anna Freud expôs esse critério quando da discussão da primeira versão dessa publicação, numa reunião da Sociedade Britânica de Psicanálise.

do. Em outras palavras, a duração da aflição é muito mais longa que a indicada por esse critério.

Existe, penso, uma outra razão que reside nas esperanças tiradas por Anna Freud de sua posição teórica relativa ao desenvolvimento do eu precoce, e que a conduziram a um ceticismo quanto à semelhança dos processos subjacentes à aflição em crianças de tenra idade, em crianças pequenas e adultos, que de fato seriam os únicos a apresentar um verdadeiro luto. Esta é uma questão que iremos discutir em maiores detalhes mais adiante. Enquanto isso, como as provas demonstram claramente que, no nível descritivo, as respostas são semelhantes nos dois grupos de idade, creio que seria metodologicamente mais sensato supor que os processos subjacentes são igualmente semelhantes, e postular diferenças apenas quando as provas são certas. Não duvido de que haja certas diferenças entre os grupos etários, pois nas crianças de tenra idade e nas crianças pequenas as conseqüências da perda parental parecem assumir com maior freqüência formas desfavoráveis. A meu ver, no entanto, essas diferenças são melhor compreendidas se as considerarmos como variações específicas do próprio processo do luto, não como a expressão de um outro processo. Assim, podemos ao mesmo tempo ver como os dados relativos às respostas das crianças pequenas à experiência de separação estão ligados ao corpo da teoria psicanalítica e como nos permitem reformular essa teoria em termos mais simples.

Relatório da literatura

Uma leitura da literatura psicanalítica sobre a emergência do conceito de aflição e luto na infância e primeira infância mostra que há dois pontos de controvérsia importantes. Já referimos o primeiro. Trata-se, na criança de tenra idade e na criança pequena que perdem o objeto amado, de saber se há ou não aflição e luto.

O segundo se refere ao primeiro: na medida em que o sujeito faz a experiência da aflição, qual é a natureza do objeto de amor cuja perda é evocada com tanta força? Na primeira parte deste estudo, considerando, entre outros, os trabalhos de Anna Freud, Spitz e Abraham, interessamonos pela primeira questão. Na segunda parte, será com a discussão dos trabalhos de Melanie Klein, Winnicott, Fairbairn e Erikson que nos interessaremos pela segunda questão: em particular, será necessário estudar as razões pelas quais a significação-chave foi atribuída ao desmame e ao primeiro ano de vida. Antes de nos voltarmos para essas controvérsias, é interessante observar a posição de Freud.

Apesar do seu precoce reconhecimento do papel da aflição e do luto nas doenças mentais, a que faz referência em numerosos textos, é somente no fim de sua vida que Freud percebe a importância da realidade e da significação da aflição e do luto que sobrevêm na tenra idade e na primeira infância. Nas últimas páginas de *Inibition, symptôme et angoisse* [Inibição, sintoma e angústia] (1926, PUF, 1951), tendo então uma visão mais clara da importância do apego mãe-criança e da angústia de separação, ele lança um novo olhar sobre o problema do luto. Antes dessa nova abordagem, tinha a convicção de que

> as reações afetivas a uma separação [...] eram de dor e de luto, não de angústia. (1926)

Agora ele descobre que, afinal, a angústia é uma tal reação e confessa sua perplexidade. Num adendo final, levanta porém a pergunta

> Quando a perda do objeto produz angústia, e quando produz luto?

Sua resposta, como sabemos, é que a angústia é a reação ao perigo da perda de objeto, a dor é a reação própria à perda do objeto. O luto, por conseguinte, tem a "tarefa de realizar uma retirada do objeto" ("Deuil et Mélancolie" [Luto e melancolia], *Métapsychologie*, Paris, Gallimard, coleção "Idées", p. 156).

Em toda a discussão desse livro, um dos centros de interesse de Freud concerne às respostas de crianças pequenas à partida ou à ausência de suas mães. Referindo-se à angústia e ao desamparo das crianças por essa perda, ele considera

> Que haja angústia, não podemos duvidar; mas a expressão do rosto e as reações de choro indicam também a presença da dor. [Isso deve ser, pensa ele, porque] ela não sabe fazer a distinção entre ausência temporária e perda definitiva. A partir do momento em que não vê mais a mãe, conduz-se como se jamais fosse revê-la. (p. 99)

A partir daí, basta um pequeno passo para se dar conta de que, quando a criança de tenra idade ou a criança pequena não vê mais sua mãe durante alguns dias ou algumas semanas, e sabemos que isso pode acontecer, então a dor e a aflição são intensas e a criança bascula inevitavelmente no luto. Mas Freud não dá esse passo crucial: não há razão alguma para pensar que ele tenha compreendido plenamente nem a profundeza e nem a gravidade da aflição sofrida pelas crianças muito pequenas nem a potencialidade de seus efeitos patológicos. Como ele tinha setenta anos naquela época, e não havia provavelmente encontrado tais acontecimentos, isso não nos surpreende[11].

Dentre os analistas, Bernfeld (1925) foi um dos primeiros a reconhecer a realidade da aflição e do desgosto na primeira infância. Baseando suas opiniões principalmente na observação direta de crianças pequenas, relatada na literatura, ele descreve essas emoções como geralmente secundárias à perda do seio no momento do desmame. Sua avaliação do desmame como experiência parece todavia contraditória, pois por um lado ele dá muita importância ao desmame no futuro desenvolvimento da personalidade, por outro lado descreve a resposta ao desmame como "uma forma de desgosto curta e ligeira" (p. 259). Todavia, Bernfeld postula que depois da perda do seio o mesmo trabalho de luto deverá se efetuar em todos os desgostos ulteriores (p. 299).

Embora Bernfeld reconheça assim, claramente, a realidade da aflição e do luto na infância, deve-se notar que ele restringe suas considerações à perda do seio. Mesmo que isso possa dever-se em parte à limitação de sua monografia ao desenvolvimento dos doze primeiros meses da vida da criança, é evidente que ele ignorava o longo período durante o qual a criança permanece apegada à mãe[12], e dava pouca importância ao fato de que certos distúrbios da personalidade por ele atribuídos à perda do seio

---

[11] Todavia, não é inverossímil que o próprio Freud tenha tido uma experiência desse gênero. Na biografia de Freud, Jones nos diz que quando Freud tinha dois anos e meio, não apenas sua mãe estava preocupada com o nascimento de um novo bebê, mas sua ama havia sido brutalmente dispensada por ter sido surpreendida roubando (Jones, 1953, p. 10).

[12] Bernfeld, por exemplo, sugere que a marcha é um "símbolo do acesso à independência" e parece atribuir muita importância à sua aquisição, como à da mastigação e a da fala que, declara ele, "são adquiridas no fim do primeiro ano num tempo relativamente curto" (p. 227).

no desmame explicam-se, de fato, pela vivência da perda da mãe ou do amor desta durante o primeiro ano. Voltaremos a este ponto.

É muito possível que se Bernfeld utilizasse suas próprias observações teria reconhecido a aflição e o luto como conseqüência da perda da mãe. De fato, parece que Anna Freud e Dorothy Burlingham, durante a guerra, foram as primeiras a registrar respostas à perda da mãe considerada como objeto total e as classificaram como aflição. Pouco depois, Spitz corroborava com seus trabalhos as idéias de suas duas colegas. Todavia, apesar do seu conhecimento dessa realidade, não considero satisfatória a maneira como essas observações foram teorizadas. De fato, eles enquadraram essas novas observações no campo das teorias existentes, em particular do narcisismo primário e do primado das necessidades corporais e, no caso de Spitz, teorias elaboradas para dar conta de estados patológicos tais como a melancolia. A meu ver, teriam feito melhor se tentassem rever a teoria à luz de suas novas observações.

Vamos estudar primeiro a contribuição de Anna Freud e de Dorothy Burlingham (1942-1944). Elas declaram que entre seis meses e três anos as reações à perda da mãe são:

> [...] particularmente violentas. A criança vê-se subitamente abandonada por todas as pessoas conhecidas de seu mundo a quem aprendeu a dar importância. Sua nova capacidade de amar vê-se ela mesma privada de seus objetos familiares, e sua necessidade de afeição permanece insatisfeita. A espera ansiosa de sua mãe torna-se intolerável e lança-a em estados de desespero muito semelhantes ao desespero e angústia dos bebês esfomeados cuja comida demora a chegar. Durante várias horas, ou mesmo durante um dia ou dois, esse desejo ardente da criança, essa "fome" de sua mãe, pode causar-lhe todas as sensações corporais.
>
> Certas crianças dessa idade poderão recusar-se a comer ou dormir. A maioria delas vai recusar os braços e o consolo de pessoas estranhas. As crianças apegam-se a um objeto ou a uma forma de expressão que tenha para elas, naquele momento, uma função de lembrança da presença material da mãe. Algumas vão se apegar a um brinquedo colocado em suas mãos pela mãe ao partir; outras a uma parte da roupa de cama ou de vestimentas que vieram de sua casa. Outras ainda vão repetir para si mesmas de maneira monótona o termo pelo qual têm o hábito de chamar a mãe, como Christine, de dezessete

> meses, que dirá: "Mam, mam, mam, mam, mam...", continuamente, com uma voz grave, durante três dias (1942, pp. 51-52).

Comentando essas observações, que como vimos foram confirmadas depois por Robertson e outros, Anna Freud e Dorothy Burlingham sublinham, creio que com razão, "a profundidade e o caráter sério dessa aflição da criança pequena", e sua convicção de que "o luto de uma intensidade igual num adulto teria durado um ano inteiro" (p. 51). Ainda assim, em contradição com suas observações, elas escrevem:

> Essa aflição infantil é de curta duração [...] na criança de um a dois anos, a aflição termina normalmente entre trinta e seis e quarenta e oito horas (1942, p. 52).

Além disso, nem nesta publicação e nem nas seguintes elas irão relatar um desenvolvimento deficitário do estabelecimento de uma relação de objeto específica à experiência de despossessão e de luto, sobrevindo na infância ou na primeira infância.

Na parte anterior de minha exposição, discuti os pontos incidentes sobre a diferença de opinião entre nós quanto à duração das respostas à perda durante a primeira infância, bem como nossas diferenças com relação à teoria. Já que a evidência nos mostra, e sem possibilidade de erro, que tais respostas à perda persistem por ao menos uma semana e habitualmente por muito mais tempo, Anna Freud concluiu daí que fossem de curta duração. Entretanto, a razão que ela dá para não ligar suas observações sobre a aflição de crianças e crianças pequenas à psicologia e à psicopatologia do luto funda-se na sua opinião concernente ao desenvolvimento do eu, que a leva a pensar que antes da entrada em seu segundo ano o bebê e a criança pequena não são capazes de viver o luto em seu sentido verdadeiro. Ela apóia sua conclusão na crença de que antes dessa idade o indivíduo é incapaz de aceitar o princípio de realidade e de efetuar as mudanças apropriadas em seu mundo interior por um controle das tendências do isso[13]. Até esse ponto, ela mantém que as respostas à perda são regidas pelo princípio de prazer–desprazer, de onde seu caráter mais simples.

O que penso serem os efeitos nefastos desse ponto de vista teórico é ilustrado nos relatos teórico-empíricos que Anna Freud e Dorothy

[13] Eis as razões dadas por Anna Freud quando da discussão de um primeiro esboço desta publicação.

Burlingham nos deram sobre os processos que subtendem a maneira pela qual uma criança de menos de três anos abandona um objeto amado por um outro:

> A vida da criança ainda está sob o império do princípio de prazer, que ordena encontrar o prazer e evitar dor e desconforto. Um objeto de amor que não dá uma satisfação imediata não é bom para ela. Suas lembranças do passado são recobertas pela decepção sentida no momento presente. Ela não tem projeções de futuro e, se as tivesse, não lhe seriam de nenhum socorro. Suas necessidades são tão urgentes que requerem uma satisfação imediata; as promessas de prazer não são de qualquer valia. Por conseguinte, a criança pequena, depois de um curto período, vai se desviar da imagem de sua mãe e aceitará o consolo que lhe será oferecido, apesar de um período de má vontade (1942, pp. 52-53).

Não penso que esse relato reflita os fatos tais como os conhecemos. Mesmo em crianças de seis a doze meses, Schaffer e Callender (1959) mostram com evidência que é errôneo supor que a imagem da mãe seja tão rapidamente abandonada; e é também este o caso, provavelmente, das crianças durante o segundo e o terceiro anos.

A incompatibilidade entre as previsões teóricas e as observações clínicas põe a teoria, inevitavelmente, em questão. Devemos nos perguntar como é provada a teoria do desenvolvimento precoce do eu favorecida por Anna Freud. Uma discussão completa iria nos levar muito longe; no entanto, a possibilidade de uma tal evidência nos parece difícil de sustentar. A demanda do isso é regulada pela experiência desde os primeiros meses da vida e, ainda que esse controle seja freqüentemente espasmódico e instável, no segundo ano, ele está realmente ali. Tendo em mente o trabalho de Piaget (1937) e outros, creio que podemos, sem riscos, concluir que o desenvolvimento do eu, mais precisamente a organização perceptual e cognitiva e a regulação das pulsões começa durante o primeiro ano. Por essas razões, não aceito como válidas as objeções que Anna Freud levanta contra a idéia de que os processos subjacentes às respostas à despossessão de bebês e crianças em tenra idade sejam exemplos de luto verdadeiro.

Devido à nossa discordância quanto aos processos psicológicos em jogo nos bebês e crianças pequenas que, de modo permanente ou temporário, perderam suas mães, seria lamentável que o acordo substancial entre nós quanto às implicações práticas fosse deixado de lado. Ambos mantemos que as experiências de (de)-privação nos primeiros anos têm efeitos desfavoráveis no desenvolvimento ulterior da personalidade. Naturalmente, a maneira pela qual Anna Freud descreve as situações pertinentes e os processos psicológicos em ação está de acordo com sua posição teórica; em particular, sua teoria que é fortemente influenciada pela convicção de que, naqueles anos, uma das tarefas da mãe será de dar satisfação às necessidades corporais de seu filhinho. A experiência de (de)-privação que ela distingue é aquela da mãe que não é mais uma fonte de satisfação contínua para seu filho. A explicação que dá sobre as crianças que, mais tarde, terão um caráter defeituoso, é uma falha da transformação da libido narcísica em libido de objèto (A. Freud, 1949).

Um outro analista, Spitz, recolheu observações em primeira mão sobre a aflição e o luto em crianças pequenas em seguida à perda de suas mães, mas foi perturbado na sua teorização pelo emprego de modelos não apropriados. Embora tenha dado como título *A aflição: um perigo da infância* a seu célebre filme, ele não utiliza o termo "aflição" na publicação a que faz referência ("La dépression anaclitique" [A depressão anaclítica], 1946) e na qual parece rejeitar o ponto de vista pelo qual o fenômeno clínico que descreve deveria ser compreendido como causado pelo luto, normal ou patológico.

Ele se baseia no fato de que "o processo não era de modo algum limitado em si mesmo[14]". Por ser "uma síndrome de natureza progressiva que, depois de haver atingido um ponto crítico de desenvolvimento, parece tornar-se irreversível", ele chama a isso "imagem da depressão[15] e não do luto" (p. 331).

Este não é um bom argumento. Ele se funda na hipótese de que, em todas as idades, o luto deve ser um processo auto-limitado; como a criança não pode se remeter a ele, Spitz parece pensar que isso não pode ser luto. É a imagem em espelho do argumento ouvido para um outro

[14] A passagem em questão lê-se: "a razão principal pela qual [...] sentimo-nos justificados de falar em depressão anaclítica, indo muito mais além do luto, e mesmo do luto patológico, é que em numerosos casos nenhuma intervenção havia sido feita e parecia, de modo evidente, que o processo não se limitava de maneira alguma ao *self*" (1946, pp. 330-331).

[15] Spitz utiliza aqui o termo "depressão" em seu sentido patológico.

diagnóstico: já que o paciente recobrou a saúde, aquilo não podia ser uma esquizofrenia.

Um estudo dos dados clínicos de Spitz põe em destaque, para além de dúvidas razoáveis, que aquilo que ele está descrevendo é, de fato, o processo de luto sobrevindo em crianças logo em seguida à idade em que elas consolidaram seu apego a um traço particular da imagem materna. O estado que Spitz menciona não é observado em crianças de menos de seis meses, ocorre somente depois que elas perderam suas mães e somente quando a relação mãe–criança era boa. Caracteriza-se por todos os sinais externos de aflição e luto – tristeza, choros, falta de contatos, isolamento, desânimo, perda de apetite, insônia. Sob a condição de que esse estado não dure demasiadamente, a volta da mãe acarreta uma cura completa[16]. Pode-se notar que o próprio Spitz adota essas interpretações em uma observação mais tardia (1953). As crianças, declara ele então, respondem "à perda de seu objeto amado por uma reação progressiva de luto". Acrescentando, mesmo, "se nenhum substituto adequado for fornecido", ele parece assim sugerir que, se um substituto fosse fornecido, o estado não seria o de luto, opinião que considero falsa.

As opiniões expostas nessas duas publicações de Spitz divergem sob outros aspectos. Em ambas as publicações, explicitamente em 1946 e implicitamente em 1953, Spitz postula que o estado dessas crianças é uma forma particular de depressão patológica. Isso o conduz a tentar pesquisar uma hipótese no quadro teórico esboçado por Freud para a melancolia. Para fazer isso, precisa supor que a agressão voltada diretamente contra o *self* desempenha um papel principal, e se torna, então, necessário para ele explicar como isso acontece. Duas teorias diferentes, mas não incompatíveis, são então formuladas.

Em 1946 ele sugere que a inibição da locomoção das crianças pequenas pelo confinamento em um leito de hospital fosse sua principal causa.

[16] Mas, quando ela não volta, esse estado que persiste e que se torna permanente é provavelmente imputável à idade e às condições de vida das crianças observadas por Spitz. Entretanto, na medida em que as crianças pequenas observadas por Schaffer e Callender (1959), durante suas estadas em um hospital escocês onde receberam pouco substituto materno, não se conduzem da mesma maneira e que, por outro lado, um comportamento semelhante não foi constatado para outras, segue-se que as condições particulares necessárias à produção da síndrome de Spitz permanecem obscuras.

> [...] Locomoção e motilidade cumprem a tarefa importante de dar a necessária vazão ao instinto de agressividade. Quando a atividade motora é inibida, todas as saídas para a agressividade ficam fechadas. Neste caso, só resta uma alternativa para dissipar os acessos de agressividade: voltá-los contra si mesmo. A dinâmica resultante é idêntica àquela descrita para a melancolia. Mas, enquanto na melancolia o supereu utiliza a agressividade contra o eu, no caso da inibição motora na criança pequena, a intervenção do supereu não é necessária (1946, pp. 334-335); esta é a única diferença.

Em sua publicação de 1953, centrada na agressão, ele propõe uma explicação de ordem mais geral. Nota que, no início (durante a fase que chamamos de protesto), "a criança faz tentativas de retomar o objeto perdido com a ajuda de sua conduta agressiva". Em seguida, essas manifestações de agressividade, comuns na criança normal depois do oitavo mês, tornam-se, todavia, "notavelmente ausentes"; isso leva Spitz a pensar que deve ter havido uma mudança na direção da agressividade, que se voltou para o interior. É por isso que ele formula que

> quando a criança pequena é privada de seu objeto de amor, as condutas libidinais e agressivas recusam a ocasião de uma descarga. São barradas em seu percurso e voltadas contra o eu.

Existem, aqui, vários pontos de dificuldade. Alguns são empíricos. Tendo em vista a primeira explicação de Spitz, e embora Robertson e eu mesmo não tenhamos tido a experiência direta de condições necessárias que precipitem aflição intensa e desespero em crianças pequenas durante a segunda metade de seu primeiro ano de vida, não existe qualquer razão para supor que o confinamento em um leito seja uma delas. Decerto, não é este o caso durante o segundo ano, ainda que uma redução dos centros de interesse e de algumas atividades pareçam muitas vezes exacerbar a situação. A segunda explicação, que gira em torno da ausência de agressão dirigida para o exterior, mesmo que pareça em conformidade com o comportamento das crianças pequenas de menos de doze meses, não o é durante o segundo ano e os seguintes; nessa idade, a agressividade voltada para o exterior nas crianças que foram separadas é banal e freqüentemente intensa.

Uma dificuldade mais importante, todavia, reside na hipótese de Spitz de que a síndrome descrita pode ser explicada unicamente pela suposição de que a agressão dirigida contra si mesmo é essencial nessa dinâmica. Não podemos simplesmente supor que o rompimento de uma relação-chave, com a dor intensa que lhe é conseqüente, seja o bastante? Esta é a opinião que irei sustentar quando considerar, no texto seguinte, a natureza da aflição e do luto. Creio que o erro em que Spitz recaiu foi o de subestimar o sofrimento e a perturbação da personalidade secundários ao luto normal. Freud não comete este erro:

> [..] o luto acarreta graves distorções da vida quotidiana [...]. Um investimento exclusivo no luto [...] não deixa mais nada para outros projetos ou interesses. É unicamente porque sabemos explicá-lo que essa atitude não nos parece patológica (1917, *Métapsychologie*, p. 149).

Agora que sabemos explicá-lo, mesmo que ocorra a crianças muito jovens, isso tampouco nos parecerá patológico. A meu ver, as respostas descritas por Spitz não são patológicas, pelo menos em suas fases iniciais; mas o fato de que elas se o possam tornar e acarretar graves distúrbios da personalidade constitui, no entanto, o ponto fraco de minha tese.

É possível notar, todavia, que dois outros analistas de crianças, confrontados com o problema da perda de objeto, mesmo de orientação diferentes, pensam com Spitz que sua observação não concerne à aflição e nem ao luto. Os dois argumentam com um ponto de vista teórico, e não empírico. Rochlin (1953) reconhece que as perturbações subseqüentes à perda do objeto na criança pequena parecem com a aflição em algumas de suas características, mas, como Spitz, sustenta que, na medida em que o sujeito não reencontra o objeto, isso não pode ser uma verdadeira aflição. Além disso, seu pensamento é fortemente influenciado pela teoria do narcisismo primário, o que o leva a supor, na resposta à perda, grandes diferenças conforme esta sobrevenha na fase pré-edipiana ou na edipiana. Winnicott (1954) parece limitar suas concepções da aflição e do luto aos casos em que sua saída é favorável. Ele coloca, assim, um limite teórico, antes do qual a aflição e o luto não podem ser experimentados. É somente

> se, num indivíduo, a posição depressiva foi alcançada, e também plenamente estabelecida, que a relação à perda se faz na *aflição* ou no *desgosto*.

Antes desta fase, que ele situa entre os nove e os dezoito meses, isso se passa de outra maneira. Conclui, daí, que "os bebês descritos por Spitz são despersonalizados e sem esperança de contatos externos"; assim, aparentemente, não estão nem em estado de aflição e nem em estado de luto. Esta conclusão decorre, suponho, de uma confusão entre dois estágios distintos do desenvolvimento mental: a) o estado em seguida ao qual a experiência da aflição é experimentada e onde o processo de luto está atuante e b) o estado em seguida ao qual os processos de luto terão em geral uma resolução favorável. O tempo que separa as duas fases pode durar vários anos. Esta é uma questão a que deveremos voltar numa publicação ulterior.

Engel e Reichman (1956) são os únicos analistas que teorizaram a partir de dados clínicos diretos por eles registrados. Outros analistas, como Rochlin e Winnicott, utilizando dados provenientes de pacientes adultos, postularam que as experiências de perda ocorridas na primeira infância tiveram conseqüências importantes no desenvolvimento da personalidade. Seja como for, eles não estão de acordo, nem quanto à idade, nem quanto à natureza dos acontecimentos que seriam determinantes. O iniciador desse imenso tema fecundo, embora não concluído, foi Abraham.

Nos anos que precederam imediatamente sua morte, e antes da promissora abordagem de Freud em "Inibição, sintoma e angústia", Abraham, na sua teorização sobre o desenvolvimento da melancolia, deu às decepções e privações sobrevindas nos primeiros anos um papel essencial quanto à ocorrência daquela. Em seu *Esquisse d'une histoire du développement de la libido (fondée sur la psychanalyse des troubles mentaux)* [Esboço de uma história do desenvolvimento da libido (fundada na psicanálise dos distúrbios mentais)], Payot, t. 2, p. 170 (1924), ele define um desses fatores como "uma grave ferida infligida ao narcisismo infantil, ocasionada por decepções sucessivas na sua relação amorosa". Depois de observar que "diversos casos de melancolia revelam uma surpreendente semelhança de acontecimentos significativos", ele prossegue (referindo-se, evidentemente, a um de seus pacientes):

> O menino havia percebido que era o favorito de sua mãe e era reconfortado por seu amor. Em seguida, sofrera uma decepção por parte desta e só se havia curado com dificuldade desse afeto esmagador. Mais tarde, teve uma nova

> experiência do mesmo tipo, que lhe deu o sentimento de que sua perda era irreparável, em particular porque não houve uma pessoa apropriada do sexo feminino sobre quem pudesse fazer incidir sua libido. Além disso, sua tentativa de voltá-la para seu pai tinha mais ou menos fracassado. Foi assim que, enquanto criança, teve a impressão de estar completamente abandonado. E este sentimento deu origem a seus primeiros ataques de depressão (Abraham, 1924, p. 458 e Payot, p. 197).

O estudo desse material, nos diz ele, conduziu-o à conclusão de que, em última instância, a depressão melancólica tem sua origem nas experiências desagradáveis da infância do paciente (p. 464). Ele postula, além disso, que durante sua infância os melancólicos sofreram daquilo que ele chama de "disforia original". Ele a atribui à fase edipiana e, referindo-se à sua experiência, sublinha em um caso:

> [...] o quanto a criança desejara encontrar em sua mãe uma aliada na sua luta contra o pai, e sua decepção de ver seus avanços repelidos combinava-se com as violentas emoções nela despertadas pela visão do que observava no quarto dos pais [...] incapaz de alcançar um amor completo, e de poder experimentar um ódio inabalável, sucumbiu a um sentimento de desespero (p. 469 e Payot, p. 204).

Todavia, além da situação edipiana, Abraham atribui igualmente uma significação semelhante à perda da mãe pela criança, em seguida ao nascimento de um novo bebê. Chega à seguinte conclusão, a partir da análise de um outro paciente:

> Sua análise mostrou que sua mãe lhe havia sido "infiel" e transferira seus "favores" a seu irmão mais novo – isto é, alimentava-o no peito. O irmão ocupava para ele o lugar do pai em seu complexo edipiano. Em cada sintoma de seus diferentes períodos depressivos, repetia fielmente todos esses sentimentos de ódio, fúria e resignação por ser abandonado sem esperanças, esses sentimentos tendo colorido a disforia original de sua primeira infância (p. 470 e Payot, p. 204).

Com relação a seu trabalho pioneiro sobre a relação entre a melancolia e a aflição, é surpreendente descobrir que, nessas passagens, Abraham jamais utiliza os termos aflição e luto; tampouco está claro que ele reconheça que, para a criança pequena, a experiência da perda da mãe (ou da perda de seu amor) seja na verdade uma despossessão. Esta omissão que, penso, teve sobre a teoria psicanalítica efeitos sérios e de longa duração, exige explicações. É difícil não encontrá-la na compreensão inadequada de Abraham da fase durante a qual as crianças estão normalmente apegadas à mãe e seu postulado, ou seja, que no lugar desta encontramos uma fase precoce de narcisismo e de egocentrismo. Isso o leva a hesitar em sua teorização, e até mesmo a expor opiniões contraditórias[17].

É paradoxal que a maioria daqueles que, como Abraham, postularam como sendo patológico o rompimento na primeira infância da relação de *objeto total* não tenham sabido identificar o processo acionado como sendo o do luto; ao passo que aqueles que, como Melanie Klein e sua escola, reconheceram o luto como central, concentraram de tal modo sua atenção sobre os *objetos parciais*, em particular o seio e o desmame, que negligenciaram com freqüência o rompimento da relação ao objeto total. A tendência a centrar a atenção nas relações orais e no seio já está presente na obra de Abraham e, embora em menor grau, igualmente na obra de Freud. A primeira sugestão da importância do desmame parece ter sido feita por Stärcke (1921) (embora seja possível notar que ele não o considerava como a primeira perda de um objeto de amor, e sim como uma "castração primária"). Nos anos 20, Bernfeld (1925), Melanie Klein (1926) e Rado (1928) deram uma significação crucial à relação entre a amamentação e o desmame. Foi Melanie Klein quem levou essas idéias mais adiante.

Como sabemos, elaborando as posições de Abraham sobre a disforia original, Melanie Klein insistiu muito na depressão e luto durante a infância:

---

[17] À leitura dos trabalhos de Abraham e de outros psicanalistas, temos freqüentemente a impressão de que, a seu ver, as demandas de amor e de afeição das crianças pequenas são aspectos infelizes da natureza humana e que convém livrar-se delas o mais cedo e o mais completamente possível. Em uma de suas últimas publicações (1925), ele nos diz: "No plano mais precoce do desenvolvimento do caráter, os interesses dos indivíduos e os da comunidade se opõem" (p. 140) e: "é somente de modo gradual que a criança supera em parte seus impulsos egoístas e seu narcisismo para avançar em direção ao objeto de amor... A primeira função do estágio genital na formação do caráter é *livrar-se* dos traços restantes pertencentes aos estágios mais primitivos do desenvolvimento" (p. 408, o grifo é meu).

> Minha certeza é de que a criança passa por estados de espírito comparáveis ao luto no adulto, ou melhor, este luto precoce é reavivado cada vez que a aflição é experimentada mais tarde na vida (1940, p. 311).

Além disso ela reconheceu que Abraham, atribuindo tais estados às experiências da perda da mãe sobrevindas por ocasião da fase edipiana, havia negligenciado as experiências mais precoces. Todavia, Melanie Klein, sem dúvida por causa de sua tendência a identificar a dinâmica do apego da criança com a oralidade, preocupa-se mais com a perda do seio que com a da mãe:

> [...] o bebê tem experiências de depressão que atingem o seu cúmulo logo antes, durante e depois do desmame. É esse estado de espírito do bebê que chamo de "posição depressiva", e sugiro tratar-se de uma melancolia *in statu nascendi*. O objeto referente a esse luto é o seio materno [...] (p. 312).

Embora, por momentos, ela estenda a significação do seio até tornar-se tão importante quanto a da mãe, como faz na última parte da frase citada acima[18], e se estenda abundantemente sobre o período em que a criança descobre que a mãe amada e a mãe odiada são uma só e mesma pessoa, em quase toda a sua teorização sobre a posição depressiva durante a infância, o seio é o objeto considerado como perdido e deplorado. Como ela pensa que o desmame se dá, em geral, durante o primeiro ano e que (por razões que não são estabelecidas) a metade deste é o período ótimo para fazê-lo (Klein *et al.*, 1952, pp. 266-269), o conjunto de sua teorização sobre a aflição e o luto durante a infância e a tenra idade concentra a atenção nos primeiros meses de vida.

Devido à extrema importância, para Melanie Klein e outros, do desmame no desenvolvimento futuro da criança e às conseqüências principais sobre a teorização e, em menor escala, sobre a técnica, é necessário examinar a questão em detalhe. Vamos examinar inicialmente as provas sobre as quais Melanie Klein funda sua opinião. Para fazer isso, devemos voltar a suas publicações anteriores, dentre as quais as duas mais impor-

---

[18] Integralmente, deve-se ler: "O objeto perdido é o seio da mãe e tudo o que o seio e o leite representam no pensamento de uma criancinha, isto é, principalmente o amor, a bondade e a segurança" (p. 312).

tantes, *"Une névrose obsessionnelle chez une fillette de six ans"* [Uma neurose obsessiva numa menina de seis anos], lida em Würzburg em 1924, e *"Les principes psychologiques de l'analyse des enfants"* [Os princípios psicológicos da análise de crianças], posterior em dois anos. Revistas e aumentadas, essas duas publicações formam respectivamente os capítulos 3 e 1 de seu livro *La psychanalyse des enfants* [A psicanálise de crianças] (1923).

Sua primeira publicação descreve o caso Erna, que sofria de insônias, de uma fobia de ladrões, batia com a cabeça, balançava-se, chupava o polegar de modo obsessivo, masturbava-se em excesso e sofria também de depressão. Embora "nas suas relações com a mãe ela fosse demasiado amorosa", logo ficou claro que, de fato, tratava-se em parte de uma defesa e ela alimentava sentimentos fortemente hostis contra esta. Isso resultava, entre outras coisas, de um "medo excessivo de seus pais, e em particular de sua mãe", o todo tornado possível por "um mecanismo de projeção de uma força pouco comum" (Klein, 1932, pp. 77, 79). O material analítico continha abundantes provas de sadismo oral e anal e as angústias de Erna estavam claramente ligadas a ele. Uma melhora da situação clínica seguiu-se à análise da angústia e do sadismo subjacente.

O fato de que tais descobertas clínicas sejam hoje evidentes por si mostra o valor da contribuição de Melanie Klein. Como frisei numa publicação anterior, ninguém fez tanto para chamar a atenção para o papel imenso da agressão na origem da angústia mórbida. Mas, quando ela busca levar em conta o sadismo intenso de Erna, então muitos se tornam mais céticos. Com base, unicamente, no material analítico da cura de uma criança de seis anos, ela o atribui a fatores constitucionais e à frustração do desmame. Refere-se inicialmente a uma "forte disposição constitucional sádico-anal" e acrescenta:

> Ao lado disso, a análise mostrou que uma outra fase crítica do desenvolvimento de Erna foi atravessada com uma aparência, apenas, de sucesso. Ela jamais se recuperou de seu desmame (p. 82).

Melanie Klein diz claramente, na discussão da parte teórica de sua obra, que isso se deve, segundo ela, a "um aumento anormal do sadismo oral" (p. 180).

Não se pode dizer que as provas analíticas sejam sem equívocos nesta conclusão. Igualmente, uma outra hipótese, pela qual os problemas de Erna viriam de suas relações com a mãe durante o segundo, o terceiro e o primeiro ano de vida, não é nem admitida nem explorada. O material histórico do caso é reduzido, disperso e freqüentemente relegado a notas de rodapé. Aprendemos que Erna era lenta na alimentação e "muitas vezes feriu o seio da mãe, mordendo-o" (1932, p. 180, nota), que sua educação higiênica foi "realizada sem nenhuma rudeza e tão facilmente que na idade de um ano ela estava treinada" (Klein, 1940, p. 148, nota), que "entre os três e os quatro anos sua educação tornou-se um problema insolúvel, seu caráter era pervertido, que ela sofria de uma neurose obsessiva assegurada" (Klein, 1932, p. 81). Nada nos é dito sobre as fontes ou a veracidade atribuíveis a essas informações, não mais do que o que nos é dito sobre a mãe de Erna. Embora Melanie Klein possa pretender que Erna foi objeto de uma "atenção excessiva durante sua infância" (1940, p. 149), há uma outra referência sobre "sua babá e as outras pessoas que a criaram" (1932, p. 83). A partir do quadro clínico e desses fragmentos de uma história biográfica, deve ter havido muitos analistas formados em psiquiatria infantil que, como eu, suspeitaram que seu estado fosse em grande parte ou totalmente consecutivo a uma falta de afeição, a uma variabilidade da imagem materna, a uma disciplina imprudente, ou a uma mistura dessas experiências. Enfim, quero observar que os fatos relatados não permitem ao leitor alcançar um julgamento razoável.

Dificuldades da mesma ordem são encontradas quando tentamos avaliar outros casos de Melanie Klein. No entanto, é a partir de dados provenientes de seus casos que ela constrói suas teorias. Por exemplo, sua opinião de que a falta de satisfação e de gratificação pela mamada é consecutiva a "um aumento anormal do sadismo oral" (1932, p. 180) parece atribuível ao caso de Erna. Igualmente, sua opinião de que "o sadismo oral atinge seu apogeu durante e depois do desmame" (1932, p. 185) vem dos casos de Trude e de Rita, descritos em 1926 pela primeira vez (pp. 140-142).

O lugar-chave de Trude e de Rita na formulação das idéias kleinianas sobre o desmame é atestado pelas numerosas referências à sua publicação em 1926. Entretanto, quando chegamos a estudar as provas, elas são fragmentárias. Trude tinha três anos e três meses quando foi levada a sua primeira sessão de análise, imediatamente depois de voltar de uma viagem de seis meses ao estrangeiro com sua mãe. Na saída da análise, Trude contou um sonho no qual estava com sua mãe na Itália e a empregada não lhe havia dado xarope de framboesa porque acabara. A "interpretação deste sonho" mostrou, dizem-nos, entre outras coisas, que a criança "ainda sofria da privação do seio por ocasião do desmame". Nenhuma prova nos é dada dessa conclusão. Tampouco encontramos um relato das relações da criança com sua família, sabemos no máximo que nasceu-lhe uma irmã quando tinha dois anos.

A mesma penúria de informações, ou quase, ocorre no caso de Rita, embora este seja discutido mais adiante, em publicações ulteriores. Aos dois anos e nove meses, Rita foi levada para um tratamento psicanalítico, sendo uma criança "muito neurótica, com medos de todos os tipos, e muito difícil de educar; suas depressões, que nada tinham de infantil, e seus sentimentos de culpa eram muito impressionantes. Ela era muito ligada à sua mãe, demonstrando em alguns momentos um amor exagerado por esta, e em outros momentos uma oposição (1936, p. 41).

Discutindo este caso, Melanie Klein dá um certo peso aos fatores do ambiente, entre outros, a mãe de Rita, "que sofria de uma neurose obsessiva grave, e manifestava desde o início uma atitude ambivalente para com a criança" (1932, p. 24, nota); além disso, um irmãozinho nascera nove meses antes. Apesar de tudo isso, encontrando na análise, ao mesmo tempo, materiais orais e sádicos, ela conclui que os fortes impulsos sádico-orais e as frágeis capacidades de tolerância à tensão "eram algumas das características *constitucionais*" determinantes das relações da criança com a mãe (1945, p. 370, o grifo é meu).

Nem o caso de Trude, nem o de Rita, parecem melhores que o de Erna para fundar uma teoria de grande alcance concernente ao papel crucial do desmame, o de uma agressividade constitucionalmente excessiva, ou o da primazia da angústia de perseguição. Em verdade, ao exame dos fundamentos em que Melanie Klein apóia suas teorias, ficamos espantados com a pobreza de dados clínicos que contrasta com a forte influência de suas previsões teóricas. Na época da análise dessas crianças, Melanie Klein ainda estava em Berlim, muito influenciada por Abraham, então engajado na publicação de seus textos referentes ao erotismo oral e outros aspectos do desenvolvimento libidinal. É evidente que, por causa disso, sua escuta ia no sentido da oralidade, e sobretudo do sadismo oral. Ela descobriu o que descobrimos hoje em todos os nossos pacientes. Além do mais, isso ocorria antes da publicação de "Inibição, sintoma e angústia", e ainda havia pouca compreensão da longa fase em que a criança permanece intensamente apegada à mãe. O fato de Melanie Klein não ter estado consciente de que era normal para a criança estar intensamente apegada à mãe durante os seus segundo e terceiro anos de vida nos é sugerido pela ausência de qualquer referência a este fenômeno, e pela maneira como ela considera o forte apego das crianças de dois anos como sendo em si mesmo patológico. Por exemplo, Rita será descrita, durante seu segundo ano, como tendo "desenvolvido uma excessiva fixação em sua mãe" (1926, p. 142), apesar da ambivalência materna e do nascimento de um novo bebê. Igualmente Trude será descrita como tendo "uma fixação em sua mãe que se tornou particularmente forte na idade de dois anos" (1926, p. 143). No lugar do apego à mãe real, somente a relação oral do primeiro ano era reconhecida.

O resultado desse segundo plano teórico foi durante esse período uma forte tendência a atribuir todos os sintomas orais a distúrbios *tendo por origem a fase oral* em si, e às experiências do primeiro ano, dado que a oralidade supostamente cessaria no fim desse primeiro ano e o desmame natural por volta dos nove meses. Este é um exemplo, creio, das armadilhas envolvidas pelas tentativas de reconstrução de fases de desenvolvimento a partir de material proveniente de pacientes mais velhos, armadilhas para as quais Rickman (1951) e Kris (1956), entre outros, chamaram a atenção. Todavia, à luz da teoria então existente, e se aceitarmos sua maneira de proceder, suas conclusões não eram irrazoáveis. Hoje a alternativa é diferente. A maioria dos analistas sabe que os comportamentos orais, como chupar o polegar ou manifestar uma gula excessiva, são seqüelas banais da experiência curta ou longa da falta de afeição materna. Quando as relações entre a mãe e a criança estão deterioradas, a satisfação é procurada no auto-erotismo; chupeteio, balanço ou masturbação. Por conseguinte, sua manifestação nada nos diz quanto à idade que tinha o paciente quando teve uma decepção ou quando interveio uma privação mais séria. O fato de chupar o polegar não nos indica mais que o fato de que isso provém de uma privação oral em particular. Atualmente, essa conclusão não é estranha; na verdade, tornou-se um lugar comum na literatura psicanalítica (Fairbairn, 1941; Winnicott, 1945; Anna Freud e Sophie Dann, 1951), e se encontra na observação dos primatas inferiores[19]. Todavia, no começo dos anos 20, as coisas eram diferentes, e não é difícil ver como Melanie Klein chegou a suas conclusões.

Embora pense que o impacto do desmame foi muito exagerado, não devemos concluir daí que ele não tenha conseqüências. Com efeito, temos a prova de que, para certas crianças, o desmame é uma experiência desesperadora, em particular quando prematuro ou brutal. Todavia, como em muitos fatos concernentes ao desenvolvimento da criança considerado pela psicanálise, as observações sistemáticas em primeira mão são raras. "A literatura sobre esta questão", escreviam Albino e Thompson (1956), "está mais ou menos restrita a relatos de casos individuais e faltam estudos sistemáticos". Infelizmente, há uma grande dificuldade para interpretar esses casos tais como são, porque se deve distinguir a parte do comportamento como uma resposta à perda do seio da parte que responde à perda ou à rejeição materna.

Tenho a impressão de que, quando a atitude da mãe não muda durante um desmame natural, as respostas ao desmame são em geral bastante apaziguadas. Não sou o único a pensar assim. Bernfeld observou com surpresa a ausência de distúrbios. A própria Melanie Klein, discutindo as histórias de alguns de seus pacientes, admite que naquela época faltara a observação direta para a confirmação das dificuldades. Ela explica assim essa divergência:

> o que parece ser um sucesso não é necessariamente um sucesso completo. Embora algumas crianças pareçam ter atravessado muito bem o desmame, e até mesmo, por algum tempo, progredido de maneira satisfatória, no fundo

[19] Os macacos rhesus criados com mamadeira sem uma mãe a quem se apegar desenvolvem muitas atividades auto-eróticas, inclusive chupar os dedos, o pênis ou seus mamilos, de maneira compulsiva. Essas atividades jamais são observadas se a mãe macaca se ocupar de suas crias. Semelhantes observações foram feitas sobre chimpanzés (comunicação pessoal dos doutores William Mason e Henry Nissen). As observações de Anna Freud e de Sophie Dann (1951) sobre as atividades orais das crianças pequenas privadas de suas mães têm uma grande semelhança com aquelas dos primatas.

> elas não puderam enfrentar as dificuldades criadas por essa situação; trata-se apenas de uma adaptação superficial (1936, p. 41).

Em parte alguma ela considera a outra hipótese: que o desmame seja, de fato, satisfatório e que a perda que a criança não pôde superar seja diferente e mais tardia.

A dificuldade em distinguir as respostas à perda da mãe daquelas devidas à perda do seio vale também para dois dos estudos sobre o desmame mais detalhados da literatura, o das crianças Navajo, por Kluckhohn (1947) e aquele sobre as crianças Zulu por Albino e Thompson (1956). Nessas duas tribos, como para quase todos os povos sem contatos com o Ocidente (ver Bernfeld, 1925, pp. 247-251), o desmame se faz em geral no segundo ou no terceiro ano. No caso dos Navajo, as sessenta e três crianças estudadas tinham idades de oito meses a mais de quatro anos (com uma média de dois anos e quatro meses). Mais ou menos um terço das crianças se haviam desmamado sós, os outros dois terços pela mãe. Isso significa que a experiência dessas crianças era extremamente variável, e este é um ponto a que iremos voltar quando considerarmos as experiências que predispõem à depressão. Nas crianças que foram ativamente desmamadas, destacam-se as seguintes respostas: crises coléricas e outros sinais de hostilidade são freqüentes e habitualmente descarregados sobre o irmão ou irmã mais velhos. Observam-se também tentativas de procurar a afeição de uma outra mulher. Não se poderia dizer que este é o sinal certo dos efeitos traumáticos do desmame? Infelizmente para esta tese, a razão essencial do desmame é a chegada de um novo bebê, e é habitual que a mãe "parta sozinha para uma estada de alguns dias a uma semana em casa de parentes". Como observa Kluckhohn,

> a privação do seio é simplesmente o sinal visível de uma perda geral [...] o desmame significa uma atenção cada vez menor por parte da mãe e demandas mais severas de adoção de uma conduta responsável.

As mesmas dificuldades se encontram no estudo dos dados mais conseqüentes de Albino e Thompson. As dezesseis crianças Zulu por eles estudadas foram todas desmamadas brutalmente durante o segundo ano de vida, a variação etária indo de quinze a vinte e quatro meses, com uma média de dezenove meses. Novamente, no entanto, como sublinha o autor, "além do desmame, há rejeição materna à criança", e isso "pode estar na origem dos efeitos observados". O comportamento relatado é semelhante àquele das crianças Navajo. Embora a idade das crianças tenha variado muito, todas as dezesseis sem exceção mostraram uma imediata e persistente agressividade. No começo, esta era dirigida contra a mãe:

> em sete crianças, esses ataques assumiram a forma de batalhas incessantes durante as quais lançavam gritos, mordiam, arranhavam e davam pontapés em suas mães, exigindo o seio. [Mais tarde,] a agressividade das crianças se estendeu progressivamente a toda a família, que é atacada em seu conjunto.

Mais uma vez, os irmãos e irmãs mais velhos tornam-se os alvos favoritos. Tentativas de ataque a outra mulher que não a mãe eram comuns, mas não generalizáveis. Albino e Thompson descrevem as fases de respostas sucessivas em detalhe e é muito interessante notar o quanto estas são semelhantes àquelas descrevendo crianças pequenas que viveram a experiência da separação, mas não do desmame. Os sinais de protesto e de desespero são evidentes mas, mais tarde, constatam uma independência e uma maturidade maiores. Numa outra publicação, vamos reconsiderar essa fase.

A verdade é que ainda somos muito ignorantes dos efeitos do desmame em si sobre as crianças e as crianças em tenra idade. Sua avaliação imparcial não foi facilitada pelas reivindicações demasiado confiantes fundadas na teoria da reconstrução teórica. Nesse sentido, o texto de 1928 de Rado não deu, infelizmente, um bom exemplo. Embora seja um relato dos acontecimentos da primeira infância, as conclusões são formuladas mais como fatos do que como hipóteses. Ele descreve a necessidade de amor da criança como "uma avidez narcísica"; ser amado é identificado a uma gratificação oral, o medo da perda do amor ao medo de morrer de fome; a culpa, a expiação e o perdão são ligados à fúria, a fome e a sede ao seio da mãe. Ele não reconhece que uma relação de objeto total seja possível antes da segunda metade do primeiro ano e que o luto e a aflição possam provir de seu rompimento. Sugere, então, que a experiência de aleitamento da criança determine tão nitidamente seu desenvolvimento futuro "que não temos, certamente, a necessidade de provas suplementares". Como sabemos, muitos analistas não ficaram no entanto convencidos. Alguns, como Winnicott e Fairbairn, freqüentemente um pouco, sem chegarem até o fim, com Melanie Klein e Rado; outros, como Balint e Edith Jacobson, são francamente dissidentes.

Winnicott que, como vimos, tende a reservar o termo "aflição" ao que acontece depois que a criança tenha efetuado com sucesso seu luto, dá muita importância à "delicada conduta do desmame". Fazendo isso, ele estende de maneira significativa ao mesmo tempo a concepção e a idade do desmame. Ele explica que utiliza o termo "desmame" "no sentido muito amplo da educação das crianças, *grosso modo* entre nove e dezoito meses" (Winnicott, 1952). Estendendo a concepção do desmame deste modo, Winnicott leva em conta não somente todos os aspectos da educação da criança e de suas relações com a mãe, mas também os acontecimentos que se manifestam até a idade de pelo menos dezoito meses. A questão é saber se, todavia, é correto empregar o termo "seio da mãe", que "incluiria o conjunto da técnica de maternagem" (Winnicott, 1951), e o termo "desmame" para designar todos os aspectos da educação. Há um perigo real, não somente num mal-entendido conseqüente a um tal uso, mas na negligência de considerações mais amplas com as quais Winnicott está, justificadamente, envolvido.

Depois que Fairbairn funda o conjunto de sua psicopatologia nas relações de objeto e dá a maior importância às seqüelas psicológicas da perda deste, é surpreendente vê-lo evocar simplesmente os conceitos de aflição e luto. Todavia, seu raciocínio tem muitos pontos em comum com os de Melanie Klein e de Winnicott, à parte a natureza do objeto perdido e as idades concernidas por esta perda. Pelo menos até recentemente, para Fairbairn, "a dependência infantil é equivalente à dependência oral"; por conseguinte, ele é conduzido a situar a fase mais crucial do desenvolvimento durante o primeiro ano de vida. Entretanto, a partir de experiências clínicas, conclui que é "quando a relação de objeto persiste em não ser satisfatória durante os anos que se seguem à primeira infância" que se arrisca a resultar em efeitos nefastos. Ele procura levar em conta essa descoberta, postulando que mais tarde, durante a infância, pode haver

> uma reativação regressiva... de situações que têm sua origem nas fases orais precoces e tardias (1941, pp. 47, 55).

No entanto, pode-se notar que um tal postulado não é necessário, se virmos a dependência infantil mais como uma dependência oral que, em lugar de se reduzir ao primeiro ano, pode estender-se aos primeiros anos de vida.

A posição de Erikson não é diferente daquela de Melanie Klein, nem da de Fairbairn; também ele vê as ligações entre a mãe e a criança em termos de oralidade e considera o desmame como sendo de muita importância. Ainda assim, como Winnicott, reconhece haver na mãe mais do que um par de seios, e sugere que "o desmame, portanto, não deve significar ao mesmo tempo perda súbita do seio e perda da presença materna tranqüilizadora". Com referência aos trabalhos de Spitz sobre a depressão anaclítica, ele considera

> que uma perda do amor materno sem substituição apropriada pode conduzir (sob condições agravantes) a uma depressão infantil grave ou a um estado crônico de luto moderado, que pode resultar num estado ligeiramente depressivo durante toda a vida (Erikson, 1950, p. 75).

A maneira como ele reconhece que a perda da mãe sobrevinda depois do primeiro ano pode levar ao mesmo resultado não está clara.

Dois analistas, Edith Jacobson (1946) e Searles (1958), atribuíram uma significação principal para a psicose aos eventos ocorridos *depois* do primeiro ano de vida. Mas, como Fairbairn, nem um nem outro evocaram explicitamente os conceitos de despossessão e luto; eles utilizam em vez disso os termos "decepção" e "desilusão" para descrever as experiências que pensam ser patogênicas para uma criança. Edith Jacobson critica as reconstruções de Melanie Klein pelas mesmas razões que aquelas apresentadas aqui. Ela crê que "Klein perdeu de vista a história conflitual real ocorrida durante as fases infantis tardias" e que sua focalização "parece exercer-se exageradamente sobre a significação patogênica do primeiro ano de vida".

Aqui termina nosso estudo da literatura psicanalítica relativa à ocorrência durante a infância da aflição e do luto. Veremos que muitos analistas reconhecem, de maneira explícita ou implícita, sua realidade e sua importância no desenvolvimento da personalidade. Esta conclusão é, sob vários aspectos, tanto mais impressionante na medida em que ainda reina uma grande polêmica, ao mesmo tempo sobre a natureza pertinente da perda e sobre o período da vida que seria o mais decisivo.

Conclusão

Escrevendo este artigo, eu tinha em vista dois objetivos principais. O primeiro era demonstrar a realidade e a duração da aflição, a presença do processo psicológico do luto mesmo em crianças muito pequenas, certamente a partir dos seis meses e além, bem como a relação íntima entre a aflição e a angústia de separação. Essa parte de meu artigo é, por numerosos aspectos, um desenvolvimento e uma elaboração do ponto de vista alcançado por Freud nas últimas páginas de "Inibição, sintoma e angústia".

Meu segundo objetivo foi questionar a suposição comum que, no que toca à futura capacidade para a relação de objeto, considera a perda do seio no momento do desmame como a perda mais significativa experimentada pela criança pequena e a de tenra idade. Ao exame minucioso, as provas apresentadas para sustentar esse ponto de vista não são convincentes. Em contraste, parecem ter mais peso as provas confirmando que a perda da mãe nos três ou quatro anos a partir de mais ou menos uns seis meses acarreta conseqüências. Entretanto, isso não quer dizer que a perda do seio por ocasião do desmame seja sempre sem importância. Isso significa que o papel do desmame precisa ser novamente avaliado, buscando-se provas mais sistemáticas e que, entrementes, a hipotética significação da perda do seio durante os primeiros meses não deveria obscurecer a significação muito mais nítida, que é a perda da imagem da mãe durante os primeiros anos de vida.

Até agora as questões levantadas pela discussão são grandemente empíricas; isto é, a veracidade ou não das conclusões a que chegamos deveria em princípio ser testada por numerosos estudos empíricos. Ao mesmo tempo, as conclusões tocam em diversas questões teóricas relativas às respostas à perda do objeto, por muito tempo consideradas centrais para a psicopatologia. Por exemplo: quais são os processos incluídos no luto? Como conceituá-los? Em que medida esses processos variam com a idade do indivíduo e com suas experiências? Quais são os critérios que nos conduzem a julgar a patologia de certas formas de luto? E existem respostas à perda tão divergentes do luto comum que parecem situar-se mesmo fora do quadro do luto patológico? Quais são as condições que influenciam a seleção e o curso das respostas à perda? Em particular, o que sabemos sobre aquelas que assumem um aspecto patológico? Finalmente, a que tipos de distúrbios da personalidade e de sintomas psiquiátricos a experiência da perda durante a infância nos conduz em geral? Por esses problemas e outros ligados a eles irá se interessar nossa próxima publicação.

Agradecimentos

Sinto-me grandemente em dívida com James Robertson pela utilização de suas observações. A pesquisa empreendida faz parte dos trabalhos do Tavistock Child Development Research Unit, subvencionado pelo National Health Service com as doações da Josiah Macy Junior Foundation, da Foundations' Fund for Research in Psychiatry e da Ford Foundation; agradeço a todos. Escrevi um primeiro esboço deste texto enquanto residia como colega convidado pelo Center for Advanced Study in the Behavioral Sciences, Stanford, California.

Bibliografia

Abraham, K. (1916), "The first Pregenital Stage of the Libido". *Selected Papers on Psycho-Analysis*, Londres, Hogarth Press, 1927.

— (1924), "A Short Study of the Development of the Libido, Viewed in the Light of Mental Disorders". *Selected Papers on Psycho-Analysis*, Londres, Hogarth Press, 1927.

— (1925) "Character-Formation on the Genital Level of Libido-Development". *Selected Papers on Psycho-Analysis*, Londres, Hogarth Press, 1927.

Albino, R. C. et Thompson, VJ (1956), "The Effects of Sudden Weaning on Zulu Children". *Brit. J. Med. Psychol*, XXIX.

Balint, M. (1952). "New Beginning and the Paranoid and the Depressive Syndromes". *Primary Love and Psycho-Analysis Technique*, Londres, Hogarth Press, 1953.

Bernfeld, S. (1925), *The Psychology of the Infant*, Londres, Kegan Paul, 1929.

Bowlby, J. (1944), "Forty-Four Juvenile Thieves: Their Characters and Home Life". *Int. P. Psa.*, XXV.

— (1951), *Maternal Care and Mental Health*, Geneva, World Health Organization Monograph.

— (1958a), "Psycho-Analysis and Child Care". *Psycho-Analysis and Contemporary Thought*, ed. J. D. Sutherland, Londres, Hogarth Press.

— (1958b), "The Nature of the Child's Tie to His Mother". *Int. J. Psa.*, XXXIX.

— (1960), "Separation Anxiety". *Int. J. Psa.*, XLIX.

— e Robertson, J., Rosenbluth, D. (1952), "A Two-Year-Old Goes to Hospital". *This Annual*, VII.

Deutsch, H. (1919), "A Two-Year-Old Boy's First Love Comes to Grief". *Dynamics of Psychopathology in Childhood*, ed. L. Jessner e E. Pavenstedt, Nova Iorque, Grune and Stratton, 1959.

— (1937), "Absence of Grief". *Psa. Quart.*, VI.

Eliot, T. D. (1955), "Bereavement: Inevitable But Not Insurmountable". *Family, Marriage, and Parenthood*, ed. H. Becker e R. Hill, Boston, Heath.

Engel, G. L. (1954), "Selection of Clinical Material in Psychosomatic Medicine: The Need for a New Physiology", *Psychosom. Med.*, XXVI.

Engel, G. L. et Reichsmann, F (1956), "Spontaneous and Experimentally Induced Depressions in an Infant with a Gastric Fistula". *J. Am. Psa. Assn.*, IV.

Erikson, E. H. (1950), *Childhood and Society*, Nova Iorque, Norton.

Fairbairn, W. R. D. (1941), "A Revised Psychopathology of the Psychoses and Psychoneuroses". *Psycho-Analytic Studies of the Personality*, Londres, Tavistock, 1952.

Ferenczi, S. (1916), *Contributions to Psychoanalysis*, Boston, Badger.

— (1926), *Further Contributions to the Theory and Technique of Psycho-Analysis*, Londres, Hogarth Press.

Freud, A. (1936), *The Ego and the Mechanisms of Defence*, Nova Iorque, International Universities Press, 1946.

— (1949), "Certain Types and Stages of Social Maladjustment". *Searchlights on Delinquency*, ed. K. R. Eissler, Nova Iorque, International Universities Press.

— e Burlingham, D. (1942), *War and children*, Nova Iorque, International Universities Press.

— (1949), *Infants Without Families*, Nova Iorque, International Universities Press.

— e Dann, S. (1951), "An Experiment in Group Upbringing". *This Annual*, VI.

Freud, S. (1905), *Three Essays on the Theory of Sexuality*, Standard Edition, VII, Londres, Hogarth Press, 1953.

— (1917), *Mourning and Melancholia*, Standard Edition, XIV, Londres, Hogarth Press, 1957.

— (1926), *Inhibitions, Symptoms and Anxiety*, Standard Edition, XX, Londres, Hogarth Press, 1959.

Greenacre, P., ed. (1953), *Affective Disorders*, Nova Iorque, International Universities Press.

Hartmann, H. (1939), *Ego Psychology and the Problem of Adaptation*, Nova Iorque, International Universities Press, 1958.

Heinick, C. M. (1956), "Some Effects of Separating Two-Year-Old Children from Their Parents: A Comparative Study", *Human Relations*, IX.

Jacobson, E. (1946), "The Effect of Disappointment on Ego and Super-ego Formation in Normal and Depressive Development". *Psa. Rev.*, XXXIII.

Jones, E. (1948), *Papers ond Psycho-Analysis*, 5ª ed., Londres, Baillière, Tindall & Cox.

— (1953), *Sigmund Freud: Life and Work*, vol. I, Londres, Hogarth Press.

Klein, M. (1926), "The Psychological Principles of Infant Analysis". *Contributions to Psycho-Analysis 1921-1945*, Londres, Hogarth Press, 1948.

— (1932), *The Psycho-Analysis of Children*, Londres, Hogarth Press.

— (1936), "Weaning". *On the Bringing Up of Children*, ed. J. Rickman, Londres, Kegan Paul.

— (1940), "Mourning and Its Relation to Manic-Depressive States. *Contributions to Psycho-Analysis 1921-1945,* Londres, Hogarth Press, 1948.

— (1945), "The Oedipus Complex in the Light of Early Anxieties". *Contributions to Psycho-Analysis 1921-1945,* Londres, Hogarth Press, 1948.

— e Heimann, P., Isaacs, S., Riviere, J. (1952), *Developments in Psycho-Analysis,* Londres, Hogarth Press.

Klukhohn, C. (1947), "Some Aspects of Navaho Infancy and Early Childhood". *Psychoanalysis and the Social Sciences,* vol. I, Nova Iorque, International Universities Press.

Kris, E. (1956), "The Recovery of Childhood Memories in Psychoanalysis". *This Annual,* XI.

Lindemann, E. (1944), "Symptomatology and Management of Acute Grief", *Am. J. Psychiat.*, CI.

Marris, P. (1958), *Widows and Their Families,* Londres, Routledge e Kegan Paul.

Piaget, J. (1937), *The Child's Construction of Reality,* Nova Iorque, Basic Books, 1955.

Rado, S. (1928), "The Problem of Melancholia". *Int. J. Psa.*, IX.

Rickman, J. (1951), "Methodology and Research in Psychopathology". *Brit. J. Med. Psychol.*, XXIV.

Robertson, J. (1952), Filme: *A Two-Year-Old Goes to Hospital,* Londres, Tavistock Child Development Research Unit, Filmoteca da Universidade de Nova Iorque.

— (1953), "Some Responses of Young Children to the Loss of Maternal Care". *Nursing Time,* XLIX.

— e Bowlby, J. (1952), "Responses of Young Children to Separation from Their Mothers". *Courrier Centre International de l'enfance,* II.

Rochlin, G. "Loss and Restitution". *This Annual,* VIII.

Schaffer, H. R. e Callender, W. M. (1959), "Psychological Effects of Hospitalisation in Infancy". *Pediatrics,* XXIV.

Searles, H. E. (1958), "Positive Feeling Between a Schizophrenie and His Mother". *Int. J. Psa.*, XXXIX.

Shand, A. F. (1920), *The Foundations of Character,* Londres, MacMillan.

Spitz, R. A. (1945), "Hospitalism. An Inquiry Into the Genesis of Psychiatric Conditions in Early Childhood", *This Annual,* I.

— (1946), "Anaclitic Depression". *This Annual,* II.

— (1947), Filme: *Grief: A Peril in Infancy,* Nova Iorque, Filmoteca da Universidade.

— (1953), "Agression: Its Role in the Establishment of Object Relations". *Drives, Affects, Behavior,* ed. R. M. Loewenstein, Nova Iorque, International Universities Press.

Stärke, A (1921), "Castration Complex". *Int. J. Psa.*, II.

Waller, W. W. (1951), *The Family; a Dynamic Interpretation,* Nova Iorque, Dryden.

Winnicott, D. W. (1945), "Primitive Emotional Development". *Collected Papers,* Londres, Tavistock, 1958.

— (1951), "Transitional objects and Transitional Phenomena". *Collected Paper,* Londres, Tavistock, 1958.

— (1952), "Psychoses and Child Care". *Collected Paper,* Londres, Tavistock, 1958.

— (1954) "The Depressive Position in Normal Emotional Development". *Collected Paper,* Londres, Tavistock, 1958.

Zetzel, E. R. (1960), "Depressive Illness". *Int. J. Psa.*, XLI.

Miguel Herrera

Retrato de María Josepha Aldaco y Fagoaga. 1476.

Óleo/tela. 168 x 118 cm. Col. Museo Nacional de Historia, INAH.

Discussão do artigo de John Bowlby*

Anna Freud, LL. L. (Londres)

O ARTIGO DO DOUTOR BOWLBY sobre "Aflição e luto na infância" dá aos analistas um certo número de pontos de controvérsia a discutir, explicar ou refutar. Os comentários seguintes aplicam-se em parte às questões mais gerais levantadas por esse artigo, e por outro lado aos pontos específicos do artigo onde se faz referência direta a Dorothy Burlingham, bem como à minha exposição (1942) sobre as observações reunidas nas creches de Hampstead.

Identidade das observações

No que se refere aos estudos do Dr. Bowlby sobre a angústia de separação, há pouca diferença entre o material observado, reunido durante a guerra pela equipe da creche de Hampstead, sobre crianças separadas e as observações feitas mais tarde por uma equipe da clínica de Tavistock sobre crianças hospitalizadas. De fato, James Robertson, cujos estudos de casos serviram de base principal ao Dr. Bowlby, foi e permanece sendo um membro importante e eminente das duas equipes. Colocando-se em comum o mesmo material e, em parte, as mesmas observações, devemos explicar por que, não somente, temos uma diferença de interpretação teórica de dados, mas também por que persistem mal-entendidos na discussão das divergências.

* Nota do autor: A publicação do Doutor Bowlby provocou numerosas discussões. Os editores de "The Psychianalytic Study of the Child" decidiram, portanto, aceitar a publicação desse texto com as observações dos doutores Anna Freud, Max Schur e René A. Spitz.

Diferenças na orientação teórica

É possível apontar uma diferença fundamental entre sua abordagem da orientação teórica e a nossa, fazendo nova referência aos primeiros textos do Dr. Bowlby sobre "A angústia de separação" (1960 a) e "A natureza do apego da criança a sua mãe" (1958). O Dr. Bowlby está interessado, por um lado, por uma teoria biológica na qual supõe um impulso inato que liga uma criança a sua mãe e, além disso, pelo comportamento resultante dessa ligação ("comportamento de apego") ou do rompimento prematuro dessa ligação (angústia de separação, aflição, luto). A distância entre o impulso biológico, as alterações manifestas e o comportamento é preenchida por ele pela ocorrência no mundo externo de certas ações e de certos acontecimentos que ativam respostas adquiridas.

Se essa descrição da posição do Dr. Bowlby puder ser aceita como correta, ela poderá servir para explicar algumas de nossas insatisfações quando acompanhamos sua argumentação. Não que, como psicanalista, não partilhe com o Dr. Bowlby seu interesse pelas considerações biológicas e behavioristas, mas tomados em si mesmos, e não em conjunção com o pensamento metapsicológico, esses dois tipos de considerações não atendem às exigências do analista. Como analistas, não temos que nos ocupar das atividades motoras como tais, e sim da representação mental dessas atividades motoras. No caso da ligação biológica da criança com a mãe, essa representação deve, acredito, ser reconhecida na capacidade inata da criança de investir os objetos com a libido. Igualmente, não nos ocupamos dos acontecimentos sobrevindos no mundo exterior, mas de suas repercussões sobre o mental, isto é, a forma pela qual estes são registrados pela criança. No caso de acontecimentos que suscitam atividade, parece-me que estes são vividos como acontecimentos da série prazer–dor. É verdade que essa tradução em termos psicológicos interfere com a simplicidade e o rigor do esquema do Dr. Bowlby e introduz inúmeras complicações. Mas essas complicações me parecem ser o essencial da complexidade da vida mental, construída, como sabemos, sobre os derivativos motores e sua dinâmica recíproca, sobre as sensações e percepções que vêm dos mundos interno e externo, sobre as experiências de prazer–desprazer, sobre as imagens e fantasias mentais. Como o Dr. Bowlby baseia seu estudo em crianças separadas bem depois do primeiro ano de vida, devemos acrescentar como fator de complicação às manifestações primeiras enumeradas todas as últimas elaborações que são conhecidas como processos mentais secundários, tais como a fala e o pensamento lógico, bem como os conflitos estruturais com suas ansiedades específicas, suas reações de culpa e suas atividades de defesa.

Mal-entendido teórico

Há dois pontos no artigo do Dr. Bowlby que considero mais apropriados que os outros para lançar à luz os mal-entendidos que surgem e são atribuíveis à diferença descrita nos pontos de vista.

Apego à mãe versus *princípio de prazer*

Discutindo o problema da satisfação das necessidades no primeiro ano de vida, o Dr. Bowlby questiona o papel que atribuímos a esse fator. Ele introduz uma controvérsia entre a ligação com a mãe e a ação do princípio de prazer em termos de "conduta primária e secundária" e nos critica por havermos invertido sua ordem de importância, por exemplo, considerando a ligação à mãe como secundária e a busca do prazer como um impulso instintivo primário. A meu ver, sua objeção se apóia num mal-entendido teórico. Estamos de acordo com o Dr. Bowlby, o apego da criança à mãe é realmente o resultado de um impulso biológico primário que assegura a sobrevivência. Mas, embora a procura de satisfação seja uma tendência inerente a toda conduta de atividade, a nosso ver o princípio de prazer enquanto tal não é uma representação da conduta, seja esta primária ou secundária. Em seu sentido metapsicológico, ele é concebido como o princípio que governa toda a atividade mental de uma personalidade imatura ou insuficientemente estruturada. Como compreende todos os processos mentais, a ligação com a mãe é regida da mesma maneira pelo princípio de prazer. Mas supor uma luta pela primazia entre o apego à mãe e o princípio de prazer, como se se tratasse de fenômenos mentais da mesma ordem, parece-me inaplicável.

Uma vez eliminado esse mal-entendido particular, nossa visão do problema e a do Dr. Bowlby ficam mais próximas uma da outra do que parecia à primeira vista. Como sugeríamos acima, a concepção pelo Dr. Bowlby de um laço biológico resultante da ativação de certos modelos comportamentais pelos cuidados de alimentação é paralela à nossa maneira de pensar uma disposição inata da libido a investir as pessoas gratificantes. Torna-se evidente que esta última teoria nada mais é que a clássica hipótese psicanalítica da primeira relação "anaclítica" com a mãe, isto é, uma fase em que as sensações agradáveis secundárias à gratificação das principais necessidades são essenciais na determinação da pessoa do mundo exterior que será selecionada pelo investimento libidinal.

Aliás, na teoria do Dr. Bowlby, como na teoria clássica, a mãe não é escolhida como "apego" por ter dado nascimento à criança, mas porque provê as necessidades desta.

Narcisismo infantil

Um segundo ponto de controvérsia parece estar baseado num mal-entendido: o problema do narcisismo infantil. O Dr. Bowlby nega que ele possa existir, ou que exista na infância, isto é, no período onde se vê a criança inteiramente apegada à mãe. A argumentação relativa a este ponto se torna difícil, porque o Dr. Bowlby faz um uso de termos que difere de maneira importante do nosso. Ele considera o narcisismo num sentido descritivo, como o estado em que a criança se presume estar isolada, autônoma e independente do mundo dos objetos; ele sustenta que nenhuma criança normal apresenta um comportamento semelhante. Se estamos de acordo com esta última afirmação, não o estamos com sua definição do termo. Falando em termos metapsicológicos, o conceito de narcisismo infantil se refere, não ao comportamento, mas a uma fase precoce da distribuição e organização libidinal. De acordo com essa suposição, existe nessa fase um estado de equilíbrio libidinal semelhante ao equilíbrio que reinava durante a existência intra-uterina. A criança não pode ao mesmo tempo manter-se nesse estado e ser, para suas necessidades, dependente da mãe que se torna o primeiro objeto do mundo externo. É característico dessa fase não haver troca libidinal com o objeto, como haverá nas fases ulteriores com o verdadeiro objeto de amor (amar e ser amado). Em vez disso, a mãe é utilizada de maneira unívoca para servir à satisfação da criança. O objeto — para empregar uma expressão de W. Hoffer — é considerado inteiramente no meio narcísico interno, como parte deste último, na medida em que o *self* e o objeto estão confundidos.

Não há outro ponto onde o confronto entre o pensamento metapsicológico e o pensamento descritivo seja tão patente. Isso conduz a um resultado paradoxal em aparência: aquilo que, nos termos da teoria da libido, é o auge do narcisismo infantil aparece nos termos descritivos do Dr. Bowlby como o máximo do "comportamento de apego". Entretanto, estamos de acordo com ele quanto ao fato de que, nunca mais em sua vida, a criança estará tão ligada e tão dependente da presença de sua mãe.

Desacordo sobre pontos clínicos

Guardando na memória as principais diferenças do ponto teórico que acabamos de ver, torna-se mais fácil discutir as discordâncias menores sobre as observações clínicas, sua descrição e sua interpretação.

As três fases de comportamento depois da separação da mãe

Em sua exposição sobre a reação da criança depois da separação, o Dr. Bowlby isola três fases principais que a observação distingue facilmente uma da outra: uma primeira fase de comportamento ruidoso, colérico e lacrimoso que ele chama de *protesto*; uma segunda fase de dor intensa, de sofrimento e de diminuição da esperança que chama de *desespero*; e uma terceira fase, na qual a criança se conduz como se houvesse cessado de se preocupar, que chama de *recusa*[1]. A propósito da fase da recusa, não há discordância entre os observadores das equipes de Hampstead, de Tavistock e René Spitz. A propósito da interpretação dos dados observados, o autor concentra sua observação em torno da terceira e última fase. Então, em que sentido o Dr. Bowlby utiliza aqui o termo "recusa"? Utilizado num sentido descritivo, isso pode implicar simplesmente uma ausência manifesta de comportamento de desgosto; utilizado num sentido analítico dinâmico, isso implicaria um processo defensivo dirigido contra o reconhecimento da realidade externa (isto é, a ausência da mãe) ou contra o próprio afeto (isto é, um doloroso e intolerável sentimento de desgosto). Ele não inclui em caso algum o aspecto puramente libidinal que nos parece da maior importância. Se considerarmos o trauma da separação da mãe no plano do investimento libidinal da imagem materna, então poderemos encarar as fases de protesto e de desespero como os efeitos da tentativa da criança de manter um laço libidinal com o objeto ausente, e a terceira fase, não como um sinal de negação do investimento libidinal, mas como uma retirada libidinal do objeto.

[1] Essa argumentação havia sido preparada antes que o Dr. Bowlby decidisse, na versão final de seu artigo, adotar o termo "desapego", em lugar de "recusa".

Todavia, sugiro a utilização do termo *"retirada"* (*withdrawal*) para a terceira fase de comportamento de desgosto descrita pelo Dr. Bowlby. Este termo tem a vantagem de descrever ao mesmo tempo o comportamento retraído da criança e o processo interno de subtração libidinal que, acreditamos, é a causa desse comportamento.

Duração da reação de desgosto

O Dr. Bowlby sublinha em seu artigo a identidade da aflição e do luto da criança com as reações observadas no adulto normal depois da perda do objeto. Embora pensemos também que as manifestações evidentes são as mesmas, não pensamos que os processos subjacentes sejam idênticos nos adultos e nas crianças. O processo de luto (*Trauerarbeit*) tomado no seu sentido psicanalítico significa o esforço do indivíduo para aceitar um fato do mundo exterior (a perda do objeto investido) e a realização das mudanças necessárias no mundo interior (retirada da libido do objeto perdido, identificação com o objeto perdido). A primeira metade dessa tarefa pressupõe, no mínimo, certas capacidades do aparelho mental, tais como a prova de realidade, a aceitação do princípio de realidade, um controle parcial das tendências do isso pelo eu, etc. Isto é, capacidades que, por exemplo, ainda não estão evidentemente desenvolvidas na criança pequena. Por conseguinte, hesitamos em aplicar às reações de desgosto da criança o termo "luto" em seu sentido técnico. Antes que o aparelho mental tenha amadurecido e antes que pelo lado libidinal o estágio da permanência do objeto seja atingido, as reações da criança à perda parecem-nos regidas pelas ordens primitivas do princípio de prazer–dor.
Todas essas considerações nos parecem importantes na nossa tentativa de compreender a mais marcante diferença entre as reações de desgosto das crianças pequenas e as dos adultos. Enquanto o luto considerado normal dura um ano nos adultos, tal fidelidade ao objeto perdido na criança pequena seria considerada anormal. Com base no que vimos em Hampstead, a duração do comportamento de desgosto dura um certo tempo: "de algumas horas a algumas semanas ou mesmo alguns meses". Com base nas observações mais sistemáticas feitas por James Robertson e Chris Heinecke, o Dr. Bowlby recoloca em questão a possibilidade de um período de algumas horas a alguns dias, e subscreve a validade de períodos mais longos. Mas ele aparentemente está de acordo conosco ao dizer que as reações de aflição da criança não são da mesma ordem de grandeza que aquelas do adulto.

Em nosso espírito, ligamos o tempo necessário para o ajustamento a um objeto de substituição com a idade da criança, e ainda mais com o nível de relação ao objeto e de maturidade do eu atingida antes da separação; quanto mais se está próximo da constância do objeto, mais longa é a duração das reações de abandono, numa aproximação quase idêntica ao processo interno de luto no adulto[2].

Um outro ponto me parece dever ser notado. Nem as creches de Hampstead, nem os hospitais e outras creches ofereceram condições ideais de observação para estudar, no tempo real, a duração requerida pelas crianças para deslocar seu apego de uma pessoa para outra. Utilizamos, como o Dr. Bowlby, dados reunidos em circunstâncias em que as crianças não somente tinham de adaptar-se à perda da mãe, mas também à passagem da vida em família para a vida de grupo, transição muito difícil de ser feita por uma criança muito pequena. Enquanto, em numerosos casos, a própria mãe tinha sido possessão indiscutível da criança, esta precisou inevitavelmente partilhar com um certo número de outras crianças a babá como substituto materno, e além disso jamais se tratava de uma só babá durante o dia e a noite a substituir os cuidados da mãe.

Se quisermos saber quanto tempo é necessário a uma criança para transferir o investimento de uma figura materna para uma figura de substituição no sentido pleno deste termo precisamos de um suplemento de observações, excluindo o grupo ou a enfermaria de hospital. Tanto quanto sabemos, a duração do abandono poderia então ser mais ou menos curta. Igualmente, nas circunstâncias que estudamos, as crianças pequenas haviam sido separadas não somente de suas mães mas também de seu meio familiar, que compreendia a separação do pai e eventualmente de irmãos e irmãs, sem esquecer os objetos familiares inanimados, os sons, as visões, etc. Sabemos muito pouco a partir da observação direta quanto à duração do abandono no caso em que a mãe teve que partir temporária ou definitivamente, permanecendo a criança em casa.

---

[2] A nostalgia das crianças mais velhas não está compreendida nesta categoria. Reservamos este termo para um sintoma neurótico encontrado em estado latente nas crianças que não pódem suportar a separação de seus objetos edipianos por causa de uma atitude muito ambivalente em relação a estes. O lado negativo da repressão dessa relação ambivalente acarreta, quando da separação, reações de culpa, de medo da morte dos pais, sentimento de expectativa intolerável, etc.

Conseqüências patológicas da separação

No que diz respeito à patologia conseqüente a uma separação precoce, o Dr. Bowlby observa, com muita justiça, que não fizemos nenhuma tentativa de ligar tudo isso aos estados depressivos ou melancólicos. De fato, no momento de escrever este estudo, não tínhamos acesso a um material desse tipo.

Desde então, a observação e o atendimento psicanalítico de um grupo de jovens vítimas de campos de concentração nos forneceram dados suplementares bastante pertinentes. Essas crianças, que haviam sofrido separações traumáticas repetidamente desde o seu nascimento ou sua primeira infância, atingiram uma estabilidade paradoxal durante o período de latência; mas, a partir da pré-adolescência, todas mostraram quase sem exceção uma atitude de oscilação de humor depressivo, com sinais de auto-acusação ou de hostilidade. Esperamos que aquelas dentre elas que estão agora em tratamento psicanalítico nos forneçam, com o tempo, mais informações detalhadas relativamente à ligação entre sua patologia e as perdas precoces que sofreram. Enquanto esperamos, para evitar dar a impressão de que subestimamos as potencialidades patológicas inerentes ao trauma da separação, vou resumir em poucas linhas alguns de nossos primeiros achados.

Nosso esforço sobre este tema durante a guerra não foi além de uma divisão rudimentar entre conseqüências imediatas e tardias, transitórias ou permanentes. Entre os danos permanentes sofridos pela criança, sublinhamos todas as alterações na capacidade e qualidade de sua relação de objeto que podem ser observadas em todos os casos em que houve mudanças repetidas da imagem materna. Em tais circunstâncias, ou a criança se isola (pouco disposta ao investimento de objeto), ou estabelece relações pouco profundas e superficiais com o objeto (por exemplo: acesso e captação inconstantes do objeto). Nesse ponto, nosso acordo com o Dr. Bowlby é completo.

No que concerne aos efeitos patológicos imediatos da separação, estamos inclinados a agrupá-los nos capítulos que se seguem.

Condições psicossomáticas

Eram freqüentes, em particular nas crianças mais novas, sob a forma de distúrbios do sono, distúrbios de condutas alimentares, problemas digestivos, particularmente constipação, bem como uma facilidade para contrair anginas ou para morrer de uma infecção respiratória.

Regressão do desenvolvimento instintual

Do lado libidinal, isso consistia num retorno aos estágios anteriores, sendo as manifestações mais primitivas reservadas aos novos objetos (apego, dominação, querelância anal ou avareza; insatisfação, comportamento de dependência oral) e consistindo em atividades auto-eróticas (sugar, balançar-se). Do lado da agressividade, retornava nas formas mais antigas e mais cruas da agressão, em particular: mordidas, cusparadas, socos, ou, ainda mais grave, por uma difusão de elementos agressivos e libidinais, que lhe permitiam dominar o quadro.

Regressão no desenvolvimento do eu

Uma das conseqüências mais impressionantes e inesperadas da separação é, sem dúvida alguma, a perda das funções do eu como a fala, o controle da urina e das fezes, as primeiras adaptações sociais. Segundo nossas observações, as funções mais ameaçadas eram as mais recentemente adquiridas.

Mal-estar na distribuição da libido

Sempre consideramos o intervalo entre a perda do contato com a mãe (ver acima: "retirada") e o apego a uma mãe substituta como o período mais produtor de patologia, em particular se esse intervalo fosse prolongado, quer por razões externas (falta de uma mãe substituta adequada), quer por razões internas (incapacidade para a transferência de investimento). Nas saídas patológicas, o que acontece com a libido durante sua retirada da mãe é decisivo. Este intervalo pode ser utilizado para investir (ou reinvestir) o corpo da criança, acarretando distúrbios de natureza psicossomática ou hipocondríaca, mas também para investir a imagem-de-si, trazendo problemas tais como hipertrofia do amor de si, onipotência, idéias de grandeza, todos secundários a um desequilíbrio do narcisismo; de uma outra maneira, ele pode ser empregado para superinvestir um mundo interior fantasmático, cujo resultado para a criança pode ser o autismo: a criança autista é então cortada de seu meio e completamente imersa em si mesma. Quanto mais longo o intervalo, mais difícil a reversão dos distúrbios patológicos.

Toda avaliação das eventuais conseqüências patológicas de um trauma de separação é a nosso ver inseparável da avaliação do nível de desenvolvimento da libido no momento da separação. Os resultados variam conforme o caso: se, no momento da separação, o laço com a mãe ainda era de natureza narcísica, dominado pela busca de satisfações instintivas, ou então se, na relação com a mãe, os elementos pessoais e afetivos começavam a predominar, transformando o apego em amor de objeto, ou ainda se a criança havia alcançado o nível que chamamos de constância do objeto. Neste último estágio, a imagem da pessoa investida pode ser mantida interiormente durante um tempo mais longo, independentemente da presença ou ausência no mundo exterior do objeto em sua realidade, e muitos esforços interiores vão ser então necessários antes que a libido se retire. Uma tal retirada se dá gradualmente, por meio de um penoso processo de desapego que se chama o luto.

Conclusão

Uma observação para concluir: na última parte de seu artigo sobre "Le vécu du comportement de deuil chez les animaux" [O vivido do comportamento de luto nos animais] (1960 b), o Dr. Bowlby sugere, à guisa de ensaio, que há três principais traços característicos do humano e diferentes do comportamento animal: a longa persistência das reações orientadas para o objeto perdido, a presença de hostilidade voltada para si (o que, suponho, compreende as reações de culpa) e a tendência a identificar-se com o objeto perdido. Gostaria de sugerir que essa útil distinção se presta também a uma separação marcante entre, por um lado, as reações de desgosto das crianças pequenas e, por outro lado, as reações à separação traumática de crianças que possuem um grau mais elevado de desenvolvimento dos processos mentais e, por conseguinte, uma estrutura mais complexa da personalidade.

Bibliografia

Bowlby, J. (1958), "The Nature of the Child's Tie to his Mother", *Int. J. Psa.*, XXXIX.

— (1960 a), "Separation Anxiety", *Int. J. Psa,* XLI.

— (1960 b), "The Occurrence of Mourning Behavior in Animals", inédito.

Freud, A. e Burlingham, D. (1942), *War and Children*, Nova Iorque, International Universities Press, 1943.

Discussão do artigo de John Bowlby

Max Schur, M.D. (Nova Iorque[1])

Ao longo de todo o seu artigo sobre "Aflição e luto na infância e primeira infância", o Dr. Bowlby faz referência a uma série de artigos seus, publicados ou inéditos. Devo, pois, tratar de todos. Em seus artigos precedentes (1958, 1959, 1960), o Dr. Bowlby discute o desenvolvimento da ligação da criança pequena com sua mãe e a angústia de separação. Sobre esse capítulo, não pode haver discordância dele.

Bowlby, todavia, acha necessário propor em cada um de seus artigos um jogo de formulações explicativas, que estão por natureza em completo desacordo, ao mesmo tempo com os conceitos de base da psicanálise e com os pesquisadores de animais engajados no estudo da psicologia do desenvolvimento. Além disso, Bowlby ataca diretamente numerosos conceitos psicanalíticos e remaneja consideravelmente a atual terminologia psicanalítica.

Por todas essas razões, minha argumentação vai cobrir e, espero, permitirá esclarecer um certo número de problemas teóricos complexos. A última parte do texto de Bowlby parece-me justificar plenamente meu artigo.

"Inato" contra "adquirido"

A pedra angular da formulação de Bowlby é a suposição de que as crianças humanas comecem suas vidas com "um certo número de *respostas altamente estruturadas* (algumas delas sendo *ativas desde o nascimento, outras se o tornarão mais tarde*") (1958, pp. 364-365, os itálicos são meus).

[1] Departamento de Educação Psicanalítica da Universidade do Estado de Nova Iorque, Downstate Medical Center.

Bowlby afirma que cinco "sistemas de respostas instintivas" (*IR S's*), por ele chamadas — sugar, chorar, sorrir, apegar-se, seguir — fornecem a "dinâmica positiva" do laço mãe–criança (1958, p. 365). Para sublinhar o caráter pré-formado e inato dessas respostas, ele as chama de "primárias". Bowlby considera que "dar a primazia à sucção e ao aleitamento" (1958, p. 366) é um erro. Segundo ele, apegar-se e seguir são mais importantes. No entanto ele supõe sua "ativação" pela *maturação* numa época mais tardia.

Para justificar essas suposições de maneira incisiva, Bowlby se apóia amplamente em certos aspectos do conceito de instinto na etologia, conceito que tem sua origem como ramo da zoologia comparativa, na teoria seletiva da evolução de Darwin. Os etologistas, muitos dos quais começaram como naturalistas, coletaram uma abundância de informações altamente sofisticadas que confirmaram, por exemplo, (a) que os comportamentos animais podem ter, como as estruturas anatômicas, o mesmo valor para as classificações taxionômicas, (b) que muitos modelos de comportamento animal complexo estão "para além" de sua verdadeira "inteligência" e têm uma coisa em comum: desenvolveram-se sob a pressão seletiva da evolução e servem à preservação da espécie. Estes fatos são geralmente conhecidos e permitiram um importante estímulo ao estudo comparativo do comportamento animal, sendo completados por um conjunto de proposições teóricas controvertidas, reivindicando (a) *o caráter inteiramente inato* dos modelos de comportamento instintivos, capazes de *maturação*, mas não de *aprendizado*; (b) a base num impulso particular gerador de uma "energia de ação específica" que obriga o animal a buscar "o ato de consumação". Se o ato é bloqueado, o animal pode recorrer a "um deslocamento ou uma ausência de ato[2]"; (c) os animais são equipados de "mecanismos inatos de desencadeamento" (IRM's) ancorados de maneira desconhecida no sistema nervoso central. Esses IRM's são atribuídos ao desencadeamento de respostas específicas.

O conceito de Bowlby, portanto, baseia-se nessa parte da teoria etológica do instinto que supõe *o caráter não adquirido e totalmente inato dos modelos complexos de comportamento.*

A maioria dessas montagens teóricas são muito justamente criticadas. Não tenho em mente uma crítica totalmente negativa da estrita adesão à psi-

[2] É fácil ver a influência do "modelo hidrodinâmico" sobre esses conceitos das primeiras formulações psicanalíticas.

cologia estímulo–resposta, mas o debate entre os etologistas e aqueles que poderíamos chamar de "biopsicologistas", representados nos Estados Unidos por, entre outros, Schneirla, Lerhman e Beach. Este debate repousa principalmente no problema da origem dos modelos de comportamento (instintivos) específicos de uma espécie, tendo por um lado o modelo "inato, não aprendido, de maturação" e por outro lado "adquirido, aprendido, de desenvolvimento".

Este debate prosseguiu em diversos artigos e conferências interdisciplinares, dentre elas a conferência de Paris sobre "L'instinct dans le comportement de l'homme et des animaux" [O instinto no comportamento do homem e dos animais] (1956), as conferências da Macy Foundation sobre "Processos de grupo" (1954-1957), o "Simpósio de Nebraska sobre a motivação" (1959, 1960) e o "Simpósio sobre a pesquisa animal" da American Ortho-psychiatric Association (Schneirla, 1960; Schur, 1960 b).

Sob o impacto desse debate, a maioria dos etologistas, Thorpe, Timbergen e outros, abandonou sua insistência rígida no *caráter inteiramente inato* do comportamento instintivo, na especificidade do elemento motor e de uma energia de ação específica e no "modelo hidrodinâmico", todas elas concepções que desempenharam grande papel nas formulações de Bowlby. Além disso, esses biopsicólogos engajaram-se em estudos altamente sofisticados do comportamento animal em condições experimentais e normais. É particularmente pertinente, aqui, que tais investigações como as de Schneirla sobre os gatos (1960) mostrem ao mesmo tempo *o impacto precoce do aprendizado* e a grande complexidade da interação entre a mãe e a prole. Essa interação começa no nascimento, compreende uma grande variedade de percepções e conduz eventualmente ao que Schneirla (1954) chama uma relação mãe–filho "biopsicológica".

Os biopsicólogos e os etólogos estão igualmente de acordo ao dizer que a evolução seletiva para os vertebrados superiores é o resultado da extensão cada vez maior das potencialidades de aquisições. Isso é acompanhado por um aumento do desenvolvimento ontogenético de cada fenótipo. Mesmo Lorenz, o intérprete mais avançado do caráter inato do comportamento instintivo, sublinha (1935, 1937, 1950) que, filogeneticamente, sob o impacto da redução da evolução seletiva do comportamento instintivo, o desenvolvimento do adquirido e o comportamento de "perspicácia" aprendido caminham juntos. Lorenz, introduzindo o conceito de *interconexão*, supõe que com a evolução "as ligações rígidas, instintivas da cadeia de reação" sejam substituídas por "modelos de comportamento condicionados e inteligentes". É por este mecanismo "de interconexão" que Lorenz nos explica a preservação de certas ligações instintivas no comportamento inteligente do homem e dos animais superiores.

As críticas ao conceito de instinto proposto pelos etólogos não voltam a pôr em questão a base "inata" dos modelos de comportamentos específicos, "instintivos" da espécie. Propus recentemente (1960 b), no mesmo terreno, formulações que, como será discutido mais adiante, estão igualmente de acordo com os conceitos psicanalíticos. Cada espécie é dotada de um equipamento inato que consiste num conjunto de aparelhos de percepção e de execução específicos, com uma capacidade de desenvolver um conjunto específico de necessidades para um crescimento, uma maturação e um desenvolvimento de acordo com um tipo de aprendizado específico. Ao mesmo tempo sob a influência da maturação e do desenvolvimento, e sob aquela de uma constante interação com um "ambiente médio esperado" (Hartmann, 1939, 1958), todo fenótipo irá desenvolver (com variações consideráveis) um conjunto de condutas (nos animais superiores e no homem, desejos) e um tipo específico de comportamento-modelo, alguns garantindo a sobrevivência do indivíduo e da espécie. Tais modelos de comportamento são chamados "comportamento instintivo".

Os animais inferiores respondem a um conjunto limitado de estímulos ambientais. O desenvolvimento de "descargas" mais ou menos específicas e a relação mais direta entre modelos de comportamentos adaptados, bem como a percepção adaptada dos aparelhos de execução expressam a limitação encontrada nos animais inferiores.

Podemos aplicar o conceito de *séries complementares* ao problema da relativa importância entre "inato" e "adquirido". Vamos postular, por um lado, que nos animais inferiores certos modelos de comportamento podem ser, em grau mínimo, modificados pelo aprendizado, e por outro lado que numa espécie possuidora de maior extensão ontogenética de desenvolvimento a influência do aprendizado será comparativamente maior. O homem possui a maior extensão de desenvolvimento ontogenético. A predominância do aprendizado faz com que seja muito difícil, no comportamento humano, destacar os restos de elos "instintivos".

Nos artigos anteriores (1958, 1960 a), tentei especular sobre as diferentes formas segundo as quais os "modelos instintivos" podiam ser utilizados como formadores de afeto e de estrutura e no que Hartmann (1939, 1958) chamou "os automatismos pré-conscientes".

Bowlby, supondo que as crianças humanas começam com um número de *respostas altamente estruturadas* (algumas ativas no nascimento, outras mais tarde), aplica ao *comportamento humano* um conceito de instinto que negligencia o fator de desenvolvimento e de aprendizado, indo assim além da posição tomada por Lorenz em suas primeiras proposições. Logo, não é surpreendente que Bowlby se engaje numa crítica da teoria psicanalítica do instinto. Sua crítica culmina na rejeição dessa teoria, pois ela "concebe que o organismo parta com um *quantum* não estruturado de energia psíquica que, durante o desenvolvimento, se tornará progressivamente estruturado" (1958, p. 364). A crítica de Bowlby ao conceito freudiano do "instinto" é baseada numa série de mal-entendidos que não se limitam à teoria psicanalítica do instinto:

1– Bowlby volta às primeiras bases da teoria do instinto, que era "biofisiológica" antes de ser "psicológica". Bowlby compara seus supostos "sistemas de respostas instintivas" [*instintual response systems*], (IRS's), com as "pulsões parciais instintivas" (*Partialtriebe*) da teoria freudiana ("Três ensaios", 1905). Todavia, em seu ensaio sobre "As pulsões e suas vicissitudes" (1915), Freud define a pulsão instintiva como "o representante psíquico dos estímulos que têm origem no interior do organismo para atingir o pensamento", fazendo assim a transição decisiva de um conceito "periférico" biofisiológico para um conceito de pulsão psicológico instintivo. Este conceito psicológico constitui a base de toda a teoria psicanalítica da motivação (ver Rapaport, 1960).

De fato, o conceito psicológico de pulsão instintiva já pode ser observado no capítulo VII da *Interpretação dos sonhos* (1900), onde Freud nos descreve como um *"wish"* se desenvolve sob a influência dos traços mnésicos da percepção de uma necessidade de satisfação. Com a emergência de um *"wish"* começa aquilo que chamamos a estrutura psíquica, e o princípio prazer–desprazer[3] torna-se um conceito psicológico, em contraste com a necessidade de satisfação, que é um conceito fisiológico. O desenvolvimento das pulsões instintivas no decorrer da evolução constitui em parte o que Hartmann chama "a internalização do aparelho mental" (1939, 1948, 1958).

Na discussão de Freud a propósito do desenvolvimento de um *"wish"* podemos observar o conceito de uma fase indiferenciada (chamada por Spitz (1959) fase de não-diferenciação) e retomado mais tarde por

[3] Ver a discussão de Anna Freud neste volume.

Hartmann e seus colegas (Hartmann, 1939, 1950, 1958; Hartmann, Kris e Loewenstein, 1946).

É justo que várias formulações genéticas de Freud, como o desenvolvimento do aparelho mental, o desenvolvimento de um *"wish"* (1900) e sua sugestão de que a pulsão instintual possa ser o eventual precipitado de um estímulo externo (1915) tenham em seu conjunto ao mesmo tempo uma implicação ontogenética e filogenética (Schur, 1959). O desenvolvimento de um *"wish"* no sentido de Freud corresponde à transição da evolução filogenética do que Schneirla (1954) chama de passagem de um "bio-social" a um "modelo psico-social", transição que se repete durante a ontogênese. Em minhas discussões ulteriores das idéias de Bowlby sobre a angústia e a depressão, tentarei mostrar como essa abordagem genética pode igualmente aplicar-se a esses estados afetivos.

2– Bowlby faz referência à tradução do termo alemão *"Trieb"* pelo termo *"instinto"*, o que foi a fonte de numerosos mal-entendidos. Hartmann (1939, 1948, 1958), Rapaport (1958a), eu mesmo (1959, 1960a, 1960b) e muitos outros fizemos essa observação. Para evitar tais mal-entendidos, sugeri a utilização do termo "instintivo" como parte do conceito do instinto em etologia e reservar o termo "instintual", como pertencente ao conceito psicanalítico da pulsão instintual, um termo que deveria ser utilizado exclusivamente na tradução do termo alemão *Trieb*[4].

Bowlby põe em contradição os dois conceitos, "instinto" e "pulsão instintiva". Os etólogos, enquanto falam de um elemento interno de pulsões que conceitualizam como uma força ativadora do "comportamento instintivo", chamam a atenção para "os sistemas de coordenação" que são as bases do "comportamento instintivo" (Thorpe, 1956). Toda comparação do conceito psicanalítico de "pulsão instintiva" com o conceito de instinto nos etólogos deve se restringir à "pulsão interna" (Hartmann, 1948; Schur, 1958, 1960a) e não pode se estender ao modo de realização pulsional que caracteriza o comportamento.

3– A teoria psicanalítica não supõe que "o organismo comece com um *quantum* de energia psíquica não estruturada que se estrutura progressivamente durante o desenvolvimento". Ela supõe que isso comece *ab ovo* com uma capacidade. A capacidade não é somente um simples "*quantum* de energia psíquica" (ver acima p.173). O desenvolvimento

---

[4] É muito lamentável que a Standard Edition, que na sua maior parte é excelente, traduza o alemão "*Trieb*" por "*instinto*".

dessa capacidade alcança, já no nascimento, um estado onde podemos supor a presença de um aparelho mental equipado de uma energia provavelmente indiferenciada. A teoria psicanalítica supõe, além disso, que sob a influência de certas experiências e em interação com o ambiente esta energia forma uma matriz de onde sairão o que chamamos de pulsões instintivas.

Freud (1937) e particularmente Hartmann (1939, 1950, 1958) estenderam o conceito da capacidade ao desenvolvimento dessa parte do aparelho mental que a teoria psicanalítica chama de eu.

O recém-nascido já está equipado com um conjunto de aparelhos de percepção e de execução e "canais de descarga" inatos (Rapaport, 1953), tudo isso formando a base do que Hartmann (1950) chama de autonomia primária do eu. As cinco respostas designadas por Bowlby como IRS's utilizam tais aparelhos inatos. O conceito de capacidade (*Anlage*) implica que pelo estímulo motivador do impulso instintual e em interação constante com o ambiente o fenótipo humano desenvolve as estruturas individuais altamente complexas do eu que permitem a este tornar-se o que Hartmann chama de órgão de adaptação (1939, 1958).

Esta apresentação muito esquemática mostra a analogia do conceito psicanalítico de desenvolvimento com as formulações que propus para os conceitos biológicos "inatos" e "adquiridos" (ver acima, p.172). Seja como for, Bowlby dota os "instintos" de uma qualidade de estrutura que se atribui geralmente ao eu, depois de um período considerável de seu desenvolvimento.

Por conseguinte, os conceitos de Bowlby estão em desacordo com a maioria dos conceitos da biologia e da etologia. Não apenas estão em desacordo com o conceito psicológico dos impulsos instintivos de Freud, mas exprimem igualmente uma falsa idéia do conceito de Capacidade, negligenciando completamente todas as pesquisas em psicologia do eu[5].

Bowlby polemiza contra aquilo que chama de "teoria da pulsão secundária" de Freud e outros analistas. Ele utiliza a designação semântica de "pulsão secundária" mais ou menos como Hull (1943). Bowlby supõe que (a) os psicanalistas distinguem as pulsões primárias (inatas) das pulsões secundárias (adquiridas), (b) que eles consideram que a "pulsão" constitui a base da relação mãe–criança e (c) que atribuem a essa pulsão secundária (aprendida) a motivação para o desenvolvimento dessa relação.

---

[5] Nesse sentido, observamos a ausência do nome de Hartmann na bibliografia dos artigos a que se refere a discussão.

A teoria psicanalítica não faz distinção entre pulsão "primária" e "secundária". Logo, ela não pode supor a existência de uma pulsão "primária" ou "secundária" responsável pelo laço mãe–criança. A teoria psicanalítica supõe na criança a existência de pulsões instintivas que se exprimem como desejos (*wishes*); essas pulsões instintivas estão em busca de um objeto; a criança vem ao mundo com uma capacidade de desenvolver, com o estímulo de um ambiente comum e satisfatório, uma relação de objeto com a figura materna. A teoria psicanalítica supõe que essa relação de vital importância é a conseqüência do desenvolvimento longo e complexo de uma interação que ocorre em cada nível psicológico e fisiológico (p. 171 acima).

Quanto à suposição de uma "pulsão primária", Bowlby, em seu artigo sobre "A ligação da criança com sua mãe" (1958), hesitava ainda em reivindicar uma ligação primária "instintiva" com a mãe, falando apenas em "monotropismo". Quando, em 1959, durante o 21° Congresso Internacional de Psicanálise de Copenhague, lembrei-o de que a reivindicação de uma "pulsão super-ordenadora", como entendia McDougall, ia em sentido contrário à maioria dos conceitos biológicos e etológicos, ele declarou que seu conceito de monotropismo não compreendia instinto super-ordenador. Todavia, em seu artigo sobre "A angústia de separação" (1960), ele chega mais perto desta reivindicação. Durante a discussão de meus artigos sobre a angústia, ele dirá: "Embora Schur discuta os diversos perigos suscetíveis de ter por base os dados do inato, em parte alguma ele considera a perda da mãe como podendo fazer parte deles". Esta crítica exprime implicitamente que, para Bowlby, a própria ligação está presente desde o nascimento, mas de modo pré-formado, "estrutural". Nesse artigo, ele diz também: "a partir do momento em que os sistemas de respostas instintuais que intervêm no comportamento (compreenda-se, comportamento de apego) estão amadurecidos, estas se orientam em direção a um objeto qualquer por meio de um *processo de apego simplificado*" [os itálicos são meus]. Bowlby, portanto, também supõe a preexistência de uma pulsão instintiva que exigiria pouco aprendizado.

"Oralidade" e "fase oral"

Em todos os seus artigos, Bowlby está muito preocupado com a oralidade, mais exatamente, com a recusa da importância desta. Isso vai a ponto de que em seu artigo para o 21° Congresso da IPA em Copenhague Bowlby especule que o fenômeno oral poderia, nas neuroses e psicoses, ser interpretado não como um fenômeno regressivo, mas como um "fenômeno de deslocamento", no sentido etológico do termo (como para Tinbergen, 1951). Essa desvalorização da oralidade é posta em paralelo com uma falta de insistência na grande importância dos primeiros meses da vida de uma criança. O raciocínio de Bowlby é, de certa forma, bastante simples: a relação mãe–criança se baseia em mecanismos instintivos de respostas totalmente estruturadas, *principalmente* seguir e apegar-se. Essas respostas amadurecem apenas mais tarde, e por conseguinte o período precedente deve ser relativamente pouco importante. Subestimando a importância relativa do primeiro ano de vida da criança, Bowlby se encontra em contradição com os resultados da análise reconstrutiva de adultos e crianças, mas particularmente com os resultados da observação longitudinal que se estende em todos os Estados Unidos. Está igualmente em desacordo com as observações sobre o animal, como aquela já citada de Schneirla sobre os gatos recém-nascidos. Não conseguimos compreender que Bowlby, que descreve de uma maneira tão pungente suas observações e as de Robertson sobre o protesto das crianças contra a separação, não se ocupe do mais violento de todos os protestos: o das crianças famintas, chorando para obter comida. Preocupado em "destronar" o conceito de "oralidade", Bowlby deixa passar em silêncio o fato de que nem Freud, nem a maioria dos teóricos da psicanálise, consideraram o conceito de "oralidade" exclusivamente do ponto de vista da satisfação da *fome*.

Um histórico muito *esquemático* vai nos mostrar melhor os aspectos variados da "oralidade" que descrevem uma *fase específica* do desenvolvimento humano.

1– No Capítulo VII da *Interpretação dos sonhos*, Freud toma por exemplo a criança faminta, chorando e batendo desesperadamente os pés, como *protótipo*, a fim de ilustrar sua teoria sobre os conceitos psicanalíticos seguintes: (a) o desenvolvimento das primeiras estruturas de memória e sua relação com percepções particulares, ligadas à tensão e ao relaxamento desta; é a partir desses conceitos que Freud vai desenvolver o princípio de prazer–desprazer, regulador do aparelho mental[6]; (b) os conceitos psicanalíticos de conexões e de transições entre a descarga, a ação, a alucina-

[6] Ver a discussão de Anna Freud neste volume.

ção, os pensamentos e os desejos; (c) a maturação e o desenvolvimento de estruturas de inibição que permitem a temporização e a transição para os processos secundários e o princípio de realidade.

2– Com o reconhecimento da importância da sexualidade infantil e de certas fases do desenvolvimento psicossexual (Freud, 1905), o estágio oral apresentou-se como um estágio definitivo. (a) Durante esse estágio, os estímulos orais e táteis constituem as zonas de estímulos sexuais eletivos. (b) Durante esse estágio, as diferentes percepções utilizam a aparelhagem inata em que se baseia a autonomia primária do eu (Hartmann, 1950), estimulando o começo da formação da estrutura. Durante esse estágio, certas percepções podem seguir o que Erikson (1959) chama de "modo" oral. Os processos de incorporação e de introjeção que levam às primeiras identificações podem igualmente, durante essa fase, seguir os mesmos "modos". (c) As percepções orais permitem a diferenciação entre o interior e o exterior (Hoffer, 1950).

3– A observação direta de crianças e a reconstrução analítica de crianças e adultos enriqueceram consideravelmente nosso conhecimento. (a) Elas indicam que, durante essa fase, a criança precisa de muitos estímulos e percepções além de sua alimentação. O "hospitalismo" de Spitz é um exemplo extremo disso (1945). Os estímulos de percepção de diferentes naturezas desempenham um papel importante na formação da estrutura de aprendizado. Em contrapartida podemos constatar a produção experimental de psicose pela privação de estímulos (Rapaport, 1958 b). (b) A observação da reação violenta de crianças diante de uma alimentação forçada de maneira severa, os desmames programados e brutais, levaram a uma "revolução" na creche e à introdução de uma "alimentação sob demanda[7]".

4– Quando Freud introduz em "Inibição, sintoma e angústia" (1926), como sendo uma de suas principais contribuições, o conceito de uma hierarquia de situações traumáticas e perigosas, ele utiliza ainda o modelo da criança faminta como um dos protótipos de uma situação traumatizante.

[7] Trato de uma paciente encaminhada à psicanálise por uma toxicomania com Dexedrina (90 mg!) e extrato de tiróide (mais de um grama) diários. A reconstrução analítica levara a supor que muito cedo essa paciente devia ter sofrido uma severa frustração oral. No dia em que escrevi este artigo, ela soube por sua mãe que com a idade de um mês seu pediatra declarou ser necessário interromper brutalmente sua alimentação noturna. O bebê gritou durante várias noites. Começou a vomitar todas as refeições e foi preciso alimentá-la durante meses, às colheradas, com alimentos sólidos e água.

É por essas razões, entre outras, que Rapaport (1951) descreve essa situação-protótipo como "um modelo conceitual para a psicanálise".
Compreendemos tudo aqui, e mais ainda quando falamos de oralidade, e ainda melhor de "fase oral". Durante toda essa fase a mãe é a fonte de todas as estimulações, as quais representam "alimentos e vitaminas", mas também dor e perigo. É graças à mãe que a Gestalt "familiar" se desenvolve, em contraste com o "não-familiar"; que os conceitos de "Eu" [*Je*] e de "não-Eu" [*non Je*] se desenvolvem, permitindo a diferenciação entre o si e o objeto. A mãe é a iniciadora e receptora do mais miraculoso dos instrumentos: a linguagem. O desenvolvimento da ligação com a mãe é, por conseguinte, o resultado de uma capacidade, a maturação e o desenvolvimento dessa ligação realizando-se numa interação de incrível complexidade. É revelador que as observações de animais de Schneirla sobre os gatos (1960) confirmem essa complexidade dos primeiros ensaios de aprendizado. Schneirla declara que, qualquer que seja a variedade dos estímulos, "a mamada fornece aos gatos um centro funcional para sua socialização".
É difícil compreender como e por que Bowlby tenta não ver a importância da fase oral para o desenvolvimento da relação mãe–criança. Quando a criança entra na fase em que, segundo Bowlby, apegar-se e seguir seriam "ativados", essa ligação já está bem estabelecida. Apegar-se e seguir tornam-se, então, uma das numerosas funções que *utilizam a aparelhagem de realização inata* e ajudam a criança a prevenir a separação.

A angústia de separação

Chegamos agora às formulações de Bowlby no que toca à angústia e, em particular, a "angústia de separação", conseqüência direta de suas idéias sobre a natureza da ligação da criança a sua mãe.
Bowlby se refere muito livremente ao texto freudiano "Inibição, sintoma e angústia", mais precisamente às passagens onde Freud trata da importância da separação mãe–criança. Bowlby serve-se também de meus artigos, mas a despeito do fato de chamá-los "estudos cuidadosamente argumentados" não somente deixa de levar em conta minhas tentativas de chegar a um conceito de angústia unitário e genético como põe em destaque, para criticá-lo, meu fracasso em fundar o perigo da perda da mãe no inato. Só posso, aqui, referir-me a meus artigos. Todavia, a fim de esclarecer os motivos de minhas objeções às formulações e à terminologia de Bowlby, devo lembrar o que disse com tanta freqüência.

Em "Inibição, sintoma e angústia", Freud formula o ponto de vista metapsicológico principal sobre a angústia, explicitando seus aspectos estruturais, genéticos, econômicos, dinâmicos e adaptativos. Ele introduz uma definição simples da angústia: ela é sempre *resposta* a uma *situação dada* e ele estabelece uma hierarquia de tais situações. Faz uma diferença entre uma situação traumática e uma situação de perigo. Descreve vários protótipos de tais situações, entre os quais a situação do bebê faminto. Dentre suas principais formulações, destacamos a angústia como resposta do eu e a noção do "sinal de angústia". Por todas essas razões, "Inibição, sintoma e angústia" realiza uma virada na teoria e na prática da psicanálise. Meus próprios estudos (1953, 1955, 1958, 1960 a) centravam-se principalmente no papel do eu nos vários níveis da angústia e nas conseqüências econômicas variadas da regressão egóica. No que diz respeito às etapas pré-egóicas da resposta à angústia, considerei-as como genéticas, incluindo ali eventuais considerações filogenéticas. Minha definição, segundo a qual a ansiedade é uma resposta do eu ou de seus precursores a uma situação traumática ou a um perigo, presente ou futuro, permite eliminar a distinção de Freud entre "angústia automática" e "sinal de angústia".

Segui as pegadas dos precursores do afeto de angústia às respostas biofisiológicas, as quais mudam no decorrer da evolução, passando, segundo Schneirla, da "retirada" ao "evitamento". O desenvolvimento *ontogenético* decorre das respostas específicas da criança pequena às diversas alterações do equilíbrio homeostático; essas respostas utilizam os canais de descarga inatos para o desenvolvimento do afeto de angústia, afeto que é uma resposta do eu.

Segundo minha formulação, a angústia primária (e utilizo este termo no seu sentido genético) na situação traumática, bem como o pensamento consciente de um perigo antecipado, representam os dois extremos de uma série de respostas complementares. Nessa série se inscrevem os inumeráveis graus de angústia que designamos por termos variados como consciência do perigo, inquietude, medo, terror, pânico, etc.

As idéias de Bowlby sobre a angústia remetem aos conceitos de Freud de 1894, ligeiramente modificados por sua interpretação especial do conceito de instinto. Bowlby poderia ter seguido os conceitos freudianos de 1926 e descrever as conseqüências da reação da criança a uma situação crucial de *perigo*, tal como a separação da mãe. Para Bowlby, todavia, a "angústia de separação" é "o corolário inevitável do comportamento de apego, é a outra face da moeda".

Em conseqüência, Bowlby supõe "o desencadeamento de uma angústia cega e automática se um sistema de resposta instintivo[8]" não for satisfeito ou não puder atingir sua resolução. Essa angústia é chamada por Bowlby de "angústia primária". De acordo com ele, as fontes de angústia primária ligam-se ao inacabamento das IRS's (sistemas de respostas instintivas) como "apegar-se" e "seguir". No que concerne às outras IRS's relativas ao "chorar" e "sugar", Bowlby parece menos seguro da importância destas quando ficam "incompletas".

Ele então acrescenta duas IRS's suplementares, que são desencadeadas por certos estímulos externos e têm por resultado "um comportamento de fuga ou de imobilidade". Bowlby designa como pioneira a experiência subjetiva dessas respostas que "não pressupõem uma consciência avisada do perigo". Ele sublinha que a resposta de fuga instintiva compreende a dupla noção de fuga e de esperança [*escape from* e *escape to*]. *Secundariamente,* encontramos uma certa quantidade "de aprendizado simples – principalmente condicionado[9]". Para Bowlby, os principais ingredientes da angústia de separação são as diferentes IRS's acrescidas "de um pouco de adquirido". Está na linha de Bowlby tentar eliminar o conceito de oralidade e desconsiderar as violentas reações da criança à fome, diante de um adiamento de sua satisfação, como uma importante fonte genética da angústia de separação. Apesar de suas preocupações com a "biologia" e os "valores de sobrevivência", Bowlby nega a importância das necessidades homeostático-fisiológicas e o valor de sobrevivência *destas.* Segundo Bowlby, e aí ele segue algumas observações etológicas de animais inferiores, a criança come porque deve sugar. Mas isso só é verdadeiro para os primeiros meses da vida. Sabemos que mesmo um pinto aprende muito cedo, em parte por hábito, o que tem de comer e o que não deve bicar[10].

---

[8] Proponho "instintivo" como terminologia.

[9] De maneira surpreendente, Bowlby não chama a essa experiência "angústia de antecipação", mas "angústia de espera". Essa discussão semântica denota a *necessidade*, para Bowlby, de *novas* terminologias, negligenciando o conceito freudiano de perigo. A angústia de antecipação quer dizer que antecipamos o perigo e que experimentamos algumas sombras de angústia. É o paciente fóbico que *espera* a experiência de angústia quando antecipa o perigo.

[10] Graças à cortesia do Dr. Charles Tidd da Universidade da Carolina do Sul, pude ver, fascinado, como, durante as experiências de impressão pintinhos recém-nascidos aprendiam em alguns minutos a não ciscar seus próprios excrementos, mas contorná-los.

Podemos agora resumir os conceitos de Bowlby: a criança desenvolve a ligação com a mãe porque é *dirigida* por certas IRS's; ela vai demonstrar uma angústia de separação se essas respostas não puderem ser efetuadas. A essa regulação pelas IRS's pré-formadas se acrescenta "um processo de aprendizado de forma simples". Podemos resumir essa teoria de uma maneira que pode parecer exagerada, e que todavia tem seu rigor: a criança come porque deve sugar; desenvolve uma ligação com a mãe porque deve apegar-se, seguir e escapar; vai desenvolver uma angústia de separação se não puder "efetuar" essas respostas.

Todo esse esforço determinado e extremamente sistemático para mostrar que é o rabo que balança o cão, e não o contrário.

Tentei descrever a complexidade da ligação com a mãe. O outro lado da moeda que concerne à explicação da angústia de separação é igualmente complexo. Vou apresentá-lo de maneira superficial:

1– A cria do homem é *por excelência* uma criatura ligada a outra [*altricial*]. É totalmente dependente (termo que não agrada a Bowlby) da ajuda exterior para prover suas necessidades, que não podem encontrar satisfação numa regulação homeostática automática.

2– Sua estruturação depende de um fluxo contínuo de estímulos (Piaget, 1956, os chama de nutrientes).

3- A criança aprende a ligar uma imagem "materna" à fonte de todos esses "nutrientes fisiológicos e psicológicos". Entra, então, na fase "simbiótica" (Benedek, 1956; Jakobson, 1954; Mahler, 1958), onde a consciência de si e a imagem do corpo começam a se desenvolver, mas onde ela própria e os objetos não estão verdadeiramente diferenciados.

4– A capacidade de adiar depende das faculdades complexas do eu de diferenciar o presente do futuro, neutralizar, imaginar um objeto temporariamente fora do alcance, etc.

5– Com a locomoção associada a um maior interesse por seu ambiente, a criança se torna consciente de todos os tipos de perigos externos, mas confunde agora os perigos instintivos internos com os externos. A criança começa a reconhecer sua impotência, que é o centro de toda situação traumatizante. Esta impotência é a expressão da fragilidade de seu eu rudimentar, ela é superada pelo eu "externo executivo" (Spitz, 1951, 1959), a mãe. Entra, então, numa fase de experimentação de necessidades variadas de sua sexualidade pré-genital e de aquisição de certas restrições (desmame, aprendizado da higiene, fazer ou não fazer). Torna-se consciente de sua ambivalência. Durante todas essas fases a mãe permite a satisfação das necessidades e da nutrição, contrapondo-se aos perigos externos e internos. A separação permanece traumática enquanto o desenvolvimento do eu não puder dar à criança a capacidade de tolerar a espera, com todas as suas implicações de tempo e de espaço[11]. Tudo isso, associado a outras razões ligadas ao *desenvolvimento*, explica por que a criança sente angústia na ausência da mãe.

Bowlby permanece fiel a suas idéias quando nos declara finalmente que a desaparição da angústia de separação pode dever-se ao "crescimento e à redução dos Sistemas de respostas instintivas, no momento em que estes não são mais biologicamente necessários". Bowlby concede que "a experiência e o aprendizado desempenham também, certamente, um papel importante". *Nós* diríamos que o desenvolvimento do eu pode garantir uma estabilidade acrescida daquilo que Mahler (1958) chama a fase de separação–individuação.

Antes de chegar à discussão das idéias de Bowlby sobre a aflição e o luto, precisamos dizer algumas palavras sobre um ponto de importância não somente teórica, mas também prática:

A partir de algumas citações tomadas ao acaso em Freud, a maioria nos "Três Ensaios", Bowlby supõe que Freud considera que os "mimos" são responsáveis por uma excessiva angústia de separação. Bowlby afirma que a hipótese dos "mimos" se apóia profundamente na teoria psicanalítica e utiliza essa afirmação para manter suas prioridades, isto é: a importância da separação, as ameaças de separação ou de perda de amor, a rejeição materna, etc. As observações seguintes vão nos ajudar a corrigir a suposição de Bowlby. Em sua primeira teorização de orientação "ambiental", Freud considera a sedução sexual e a frustração sexual como os dois principais fatores na etiologia das neuroses. Sabemos hoje por que Freud teve que abandonar essa teoria simplificada. Todavia, a educação foi nas últimas décadas envenenada por uma má interpretação dos conceitos psicanalíticos: "Proteja uma criança do trauma e da frustração e tudo correrá bem". Freud precisou alertar contra isso. Ele exprimiu seu dilema da melhor maneira nas "Novas Conferências Introdutórias" (1932):

---

[11] Em recente artigo, diz Beres (1960): "é somente com o desenvolvimento do processo imaginativo, da capacidade de criar uma representação mental da ausência do objeto, que a criança progride da resposta imediata sincrética, sensório-motora-afetiva, para uma resposta postergada, abstrata e conceitualizada que é característica do homem".

> A educação deve... encontrar seu caminho entre a Cila da liberdade instintual e o Caribde de sua frustração... é preciso descobrir como, quando, e com que métodos interditar.

Esta advertência não foi de grande ajuda. A "mãe rejeitadora" tornou-se o bode expiatório de cada doença mental, e a permissividade a pedra angular da educação "moderna", em especial nos Estados Unidos. Por esse motivo, Anna Freud e outros tiveram de repetir a advertência. O ponto ideal entre Cila e Caribde não foi descoberto. Todavia, a maior parte dos psicanalistas concorda em considerar a evitação da frustração particularmente importante durante a fase que parece a Bowlby sem importância para o desenvolvimento da angústia de separação: os primeiros meses da vida de uma criança. Daí a habitual aceitação da alimentação sob demanda, etc. Mesmo durante essa fase, mães hiperansiosas superalimentam e superestimulam seus filhos. A maioria dos analistas pensa, também, que cada fase deve ser "crítica" para o alcance da fase seguinte[12].

Os analistas estão igualmente de acordo em considerar que, com o começo da formação do eu, as crianças deveriam ser progressivamente *ajudadas* na construção de mecanismos de adaptação e inibição. O que, no entanto, não equivale a estragar a criança.

"Depressão" ou "aflição e luto"

Podemos agora voltar à primeira formulação de Bowlby expressa no começo dessa coletânea. Sua tese clínica é relativamente simples: Bowlby declara que, quando da efetiva separação da mãe, a reação da criança na idade de seis meses a três anos é ao mesmo tempo de longa duração e com conseqüências mais profundas do que aquelas, segundo ele, supostas anteriormente na literatura psicanalítica. Bowlby nos anuncia que irá se ocupar das conseqüências patológicas em artigos futuros.

Bowlby parece pensar que as conseqüências patológicas da separação da mãe serão melhor compreendidas se as descrevermos em termos de aflição e luto, em vez de utilizar o conceito de depressão. Bowlby remete-se à autoridade de Zetzel e de seu artigo sobre "as doenças da depressão"

---

[12] Ver também a discussão por Schneirla (1960) do conceito de "fase crítica", e ainda Erikson (1959).

(1960) a fim de sustentar o que chama de "conclusões controvertidas e de longo alcance". Todavia, do estudo de Zetzel ele utiliza somente a distinção feita entre a depressão como estado afetivo e a doença depressiva. O trabalho de Zetzel é uma continuação da elaboração do trabalho de E. Bibring sobre a depressão[13]. Zetzel sublinha, muito justamente, que a palavra-chave da tese de Bibring é o "eu". Segundo ele, a angústia e a depressão são reações de base do eu. Como estados afetivos, só o eu pode experimentá-los.

Em termos de relação de objeto, diríamos: a angústia é a reação ao perigo da perda do objeto, a depressão é o resultado de sua perda (ver também Greenson, 1959).

A reação de angústia quando de uma situação traumática partilha com o afeto depressivo uma experiência egóica de total impotência. A impotência e a inibição das funções do eu, segundo Bibring, são características do estado depressivo do eu sempre encontradas, o mesmo ocorrendo com a doença depressiva.

Zetzel sugere que meus conceitos de angústia "controlada" e "incontrolável" (1953), baseados na importante regressão do eu nas manifestações variadas da angústia, deveriam ser estendidos ao estudo da depressão. Ela considera a doença depressiva como um "fenômeno clínico regressivo". Em outras palavras, Zetzel aplica ao problema da depressão, entre outros problemas, o ponto de vista genético da metapsicologia (Rapaport e Gill, 1959).

Em recente artigo sobre "a teoria da depressão de Bibring" (1959), Rapaport sublinha igualmente que a doença depressiva não é somente uma regressão do isso, mas, "em primeiro lugar, uma regressão a um estágio do eu que não se produz *a novo*..., mas é simplesmente a reativação de um estado original".

Podemos estender a analogia entre a angústia e a depressão à suposição de que geneticamente as duas afecções devem ter seus precursores nos estados pré-egóicos. Ambos os afetos, que são respostas do eu e de seus precursores, têm cada um o seu fenômeno de descarga específica. Meus conceitos de "dessomatização" e de "ressomatização" (1955) podem aplicar-se também à depressão e podem explicar as conseqüências econômicas de diversos tipos de depressão. Enquanto a angústia resulta de uma mobilização das defesas, a depressão acarreta a inibição e até mesmo a

---

[13] Ainda ausente da bibliografia de Bowlby.

paralisia das funções do eu. Este processo é duplicado por uma inibição das funções somáticas vitais. Estas considerações aplicam-se igualmente aos estados pré-egóicos, onde os precursores da angústia e da depressão são realmente "psicossomáticos[14]".

A tolerância à perda do objeto e a capacidade de restaurar o controle do eu, e assim limitar a reação a uma depressão "controlada", permitem julgar o bom estabelecimento da autonomia do eu (Hartmann, 1950; Rapaport, 1958b). É evidente que o eu "em botão" da criança pequena ainda não alcançou esse estágio de desenvolvimento.

Sublinhei acima, na minha discussão, que a mãe fornece os "nutrientes" necessários (Piaget, 1936) à formação da estrutura. Sua ausência faz realmente com que a criança se desespere. Este processo foi descrito de maneira muito viva por Spitz (1945), Engél e Reichsman (1956). Spitz (1956) aplica a analogia ao conceito da fase exaustiva da reação do estresse de Selye. Podemos falar de maneira mais apropriada numa síndrome de deficiência, que é realmente "psicossomática". Pode ser pertinente notar aqui que, por um lado, a doença depressiva pode resultar de uma inibição hormonal e, por outro lado, uma avitaminose associada ao déficit de certos hormônios pode estimular a doença da depressão.

Anna Freud relata em sua discussão a freqüência das condições psicossomáticas nas crianças, depois da separação da mãe. Ficaria tentado a supor a presença, em cada caso de luto, de um pouco de fenômeno psicossomático.

Destaquei tudo isso para mostrar que o conceito de "depressão", se utilizarmos a abordagem metapsicológica, é bastante amplo para descrever todas as respostas em reação à perda consumada do objeto. Poderíamos, então, considerar o processo de luto, não como um tipo particularmente severo de depressão, mas antes como uma tentativa de reparação, podendo ou não ter êxito[15].

Resumo

Permanecendo no quadro da terminologia e de conceitos psicanalíticos amplos o bastante para permitir a expressão de problemas pertinentes, Bowlby considera com razão a relação da criança com seu primeiro ob-

[14] Ver a discussão de Anna Freud neste volume.

[15] Ver a discussão de Anna Freud neste volume.

jeto, a mãe, como uma parte vital e essencial a seu desenvolvimento. Ele considera também a separação da mãe como uma das situações de perigo de base. Robertson e ele nos dão observações muito belas para ilustrar tudo isso.

À ameaça de separação da mãe a criança responde com diversos graus de angústia. A criança responde à perda efetiva, temporária ou permanente da mãe, com reações variáveis e níveis diversos de depressão.

Bowlby supõe que esta resposta dura muito tempo e que tem conseqüências mais patológicas do que, como diz, as que foram supostas. Tratará disso num artigo ulterior.

A fim de chegar a essas conclusões e para que elas não fiquem sujeitas à "controvérsia", Bowlby é obrigado a mais ou menos reformular alguns dos conceitos e formulações fundamentais da psicanálise, estabelecidos nessas últimas décadas pela reconstrução em análise e por observações diretas. Dentre esses conceitos de base, mencionamos o desenvolvimento do eu, a interdependência das pulsões, a oralidade, o narcisismo, a abordagem metapsicológica do problema dos afetos de angústia e de depressão, etc.

Bowlby tenta aplicar essa muito extensa — e, a meu ver, não construtiva — reformulação a *suas* aplicações do conceito etológico do instinto, aplicações onde ele vai mais longe até mesmo que Lorenz. Sua aplicação contradiz todos os dados acumulados sobre o comportamento animal e o desenvolvimento da estrutura do humano, dados que provam a importância do aprendizado para o desenvolvimento da capacidade (*Anlage*) específica à espécie.

Espero que esta discussão crítica possa contribuir para o esclarecimento de algumas dessas questões.

Bibliografia

Benedek, T. F. (1956), "Toward the Biology of Depressive Constellation". *J. Am. Psa. Assn, IV.*

Beres, D. (1960), "Perception, Imagination and Reality. Paper read at the New York Psychoanalytic Society", 31 de maio de 1960.

Bibring, E (1953), "The Nature of Depression", in *Affective Disorders*, ed. P. Greenacre. Nova Iorque, International Universities Press.

Bowlby, J. (1958), "The Nature of the Child's Tie to the Mother". *Int. J. Psa.*, XXXIX.

———. (1959), "Psychoanalysis and Ethology. Paper given at the Symposium on

Ethology and Psychoanalysis at the 21st International Psycho-Analytical Congress", Copenhague, Julho, 1959.

———. (1960, "Separation Anxiety". *Int. J. Psa.*, XLI.

Engel, G. L. e Reischsman, F. (1956), "Spontaneous and Experimentally Induced Depressions in an Infant with a Gastric Fistula". *J. Am. Psa. Assn.*, IV.

Erikson, E. H. (1959), "Identity and the Life Cycle". *Psychological Issues*, vol. I. Nova Iorque, International Universities Press.

Freud, A. (1954), "Psychoanalysis and Education". *This Annual*, IX.

Freud, S. (1894). "The Justification for Detaching from Neurasthenia a Particular Syndrome: The Anxiety-Neurosis". *Collected Papers*, I. Londres, Hogarth Press, 1949.

———. (1900), "The Interpretation of Dreams". *Standard Edition*, IV e V. Londres, Hogarth Press, 1953.

———. (1905),"Three Essays on The Theory of Sexuality". *Standard Edition*, XIV. Londres, Hogarth Press, 1949.

———. (1915), "Instincts and Their Vicissitudes". *Standard Edition*, XIV. Londres, Hogarth Press, 1957.

———. (1926), "Inhibitions, Symptoms and Anxiety". *Standard Edition*, XX. Londres, Hogarth Press, 1959.

———. (1932), *New Introductory Lectures on Psychoanalysis.* Nova Iorque, Norton, 1933.

———. (1937), "Analysis Terminable and Interminable". *Collected Papers*, V. Londres, Hogarth Press, 1950.

Greenson, R. (1959), "Phobia, Anxiety and Depression". *J. Am. Psa. Assn.* VII.

Hartmann, H. (1939), *Ego Psychology and the Problem of Adaptation.* Nova Iorque, International Universities Press, 1958.

———. (1948), "Comments on the Psychoanalytic Theory of Instinctual Drives". *Psa. Quart.*, XVII.

———. (1950), "Psychoanalysis and Developmental Psychology". *This Annual*, V.

———. (1958), "Comments on the Scientific Aspects of Psychoanalysis". *This Annual*, XIII.

——— e Kris, E., Loewenstein, R. M. (1946), "Comments of the Formation of Psychic Structure". *This Annual*, II.

Hoffer, W. (1950), "Development of the Body, Ego". *This Annual*, V.

Hull, C. L. (1943), *Principles of Behavior.* Nova Iorque, Appleton.

Jacobson, E. (1954). "The Self and the Object World". *This Annual*, IX.

Lorenz, K. (1935), Companionship in Bird Life". In *Instinctive Behavior*, ed. C. Schiller. Nova Iorque, International Universities Press, 1957.

———. (1937), "The Nature of Instinct". In *Instinctive Behavior*, ed. C. Schiller. Nova Iorque, International Universities Press, 1957.

———. (1950), "The Comparative Method in Studying Innate Behavior Patterns". *Symposium of the Society for Experimental Biology.* IV. Cambridge, Cambridge University Press.

Mahler, M. S. (1958), "Autism and Symbiosis: Two Extreme Disturbances of Identity", *Int. J. Psa.*, XXXIX.

Piaget, J. (1936), *The Origins of Intelligence in children.* Nova Iorque, International Universities Press, 1952.

Rapaport, D. (1951), "The Conceptual Model of Psychoanalysis". In *Psychoanalytic Psychiatry and Psychology*, Ed. R. P. Knight e C. Friedman. Nova Iorque, International Universities Press, 1954.

———. (1953), "On the Psychoanalytic Theory of Affects". *Int. J. Psa.*, XXXIV.

———. (1958a), "Editorial footnote". In Hartmann H., *Ego Psychology and the Problem of Adaptation*. Nova Iorque, International Universities Press.

———. (1958b), "The Theory of Ego Autonomy. A Generalization", *Bull. Meninger Clin.*, XXII.

———. (1959), "Edward Bibring's Theory of Depression. Paper read at the Boston Psychoanalytic Society", Abril, 1959.

———. (1960), "On the Psychoanalytic Theory of Motivation". In *Nebraska Symposium on Motivation*, ed. M. R. Jones, Lincoln, University of Nebraska Press.

——— e Gill, M. (1959), "The Points of View and Assumptions of Metapsychology". *Int. J. Psa.*, XL.

Schneirla, T. C. (1954). "Discussion". In *Group Processes. Transactions of the First Conference*, ed. B. Schaffner. University Seminar on Communications. Nova Iorque, Columbia University.

———. (1958), "An Evolutionary and Developmental Theory of Biphasic Processes Underlying Approach and Withdrawal". In *Nebraska Symposium on Motivation*, 1958, ed. M. R. Jones, Lincoln, University of Nebraska Press, 1959.

———. (1960), "Analysis of Socialization in a Mammal". *Am. J. Orthopsychiat.*, a ser publicado.

Schur, M. (1953), "The Ego in Anxiety". In *Drives, Affects, Behavior*,. Ed. R. M. Loewenstein. Nova Iorque, International Universities Press.

———. (1955), "Comments on the Metapsychology of Somatization". *This Annual*, X.

———. (1958), "The Ego and the Id in Anxiety". *This Annual*, XIII.

———. (1959), "Chairmans's Introduction to the Panel on Ethology and Psychoanalysis at the Fall Meeting of the American Psychoanalytic Association", Nova Iorque, Dezembro, 1959. Para um relato deste *Panel*, ver *J. Am. Assn.*, VIII, 1960.

———. (1960a), "Ontogenesis and Phylogenesis of Affect and Structure Formation and the Concept of Repetition Compulsion". *Int. J. Psa.*, a ser publicado.

———. (1960b), "A Psychoanalyst's Comments at the Symposium on Animal Research at the 37th Annual Meeting of the American Orthopsychiatric Association, Chicago, February, 1960". *Am. J. Orthopsychiat.*, a ser publicado.

Spitz, R. (1945), "Hospitalism". *This Annual*, I.

———. (1951), "The Psychogenic Diseases in Infancy". *This Annual*, VI.

———. (1956), "Some Observations on Psychiatric Stress in Infancy". In *Fifth Annual Report on Stress*, 1955-1956, ed. H. Selye e G. Heuser. Nova Iorque, M. D. Publications, pp. 193-204.

———. (1959), *A Genetic Field Theory of Ego Formation*. Nova Iorque, International Universities Press.

Thorpe, W. (1956), *Learning and Instincts Animals*. Cambridge, Harvard University Press.

Tinbergen, N. (1951), *The Study of Instincts*. Londres, Oxford University Press.

Zetzel, E. R. (1960), "Depressive Illness". *Int. J. Psa.*, a ser publicado.

Discussão do artigo de John Bowlby

René A. Spitz, *M. D. (Denver)*

O ARTIGO DO DOUTOR BOWLBY, "Aflição e luto na infância e na primeira infância", faz parte de uma série de artigos, dos quais dois já foram publicados (1958, 1960) e muitos outros o serão no futuro. No que se segue, vou limitar minhas considerações ao artigo em questão, onde Bowlby retoma o debate sobre as respostas das crianças à perda do objeto e onde ele reformula alguns termos e conceitos psicanalíticos. Segundo sua tese, as respostas das crianças pequenas à perda do objeto não diferem daquelas dos adultos, e essas respostas são a aflição e o luto. Expõe, então, a questão crucial para ele: saber se, "sim ou não, a experiência da perda do objeto de amor para uma criança acarreta a experiência do desamparo e a passagem por um período de luto".

Na segunda parte de seu artigo, e a fim de documentar a tese que formula, Bowlby estuda de maneira exaustiva a literatura correspondente. O artigo do Dr. Bowlby inscreve a necessidade de um uso mais preciso, mais claro e mais consistente dos termos e conceitos que são utilizados com muita freqüência sem precauções. Refiro-me, mais particularmente, a um termo como "desmame", igualmente chamado "perda do seio". Como declara Bowlby, dizemos raramente que o desmame consiste apenas na perda do seio, mas ele representa necessariamente o estabelecimento de uma distância maior entre a mãe e a criança, um distanciamento que reduz as possibilidades de contatos físicos entre os dois.

Além disso, Bowlby sublinha que o desmame coincide muitas vezes com uma outra separação da mãe (por exemplo, pelo nascimento de uma criança mais nova), ou pela perda efetiva da imagem materna. Sempre fui dessa opinião (Spitz, 1948).

Segundo Bowlby, para as crianças normais, as conseqüências do desmame são tranqüilas. Quanto a mim, fui ainda mais longe: a experiência do desmame, a meu ver, é de fato uma das frustrações necessárias e benéficas; não somente ela acelera, mas reorienta o desenvolvimento da criança no seu caminho em direção a tornar-se um ser humano (Spitz, 1948).

Devo exprimir uma reserva a propósito da expressão "perda da imagem materna": esta é uma formulação não-dinâmica, que não leva em conta as trocas e nem as relações extremamente ricas entre a mãe e a criança no decorrer do primeiro ano de vida. Fiz uma primeira tentativa, a meu ver apenas suficiente, para descrever essas trocas e essas inter-relações (Spitz e Wolf, 1946; Spitz, 1954, 1957).

Somos reconhecidos a Bowlby por nos mostrar a confusão reinante no uso do termo "seio", seja na sua acepção anatômica, designando o órgão percebido pela criança, seja como conceito psicanalítico, com significações variadas, uma das quais é praticamente um sinônimo de "imagem da mãe" [*coterminous with the mother figure*]. O sentido em que utilizamos o termo "seio" deve ser definido em cada caso. Por exemplo, nos primeiros anos da vida, o seio é a experiência central mais importante do mundo da criança. E por essa experiência particular foi demonstrado (Spitz, 1955) que o seio da mãe e seu rosto fundem-se na "experiência da cavidade". Entendemos por isso a combinação de diversas sensações, a sensação táctil do mamilo na boca, a sensação táctil de ser embalado pelo seio e a sensação da percepção visual do rosto materno. Numerosos fenômenos regressivos encontrados no adulto mostram-nos a permanência da eficácia dessa fusão, da mais tenra infância até a idade adulta (Isakower, 1938). Quando discutimos tais fenômenos regressivos, devemos especificar se falamos da "experiência da cavidade" no seu conjunto ou de uma parte dessa experiência. A mesma precaução se aplica quando falamos da "perda da imagem da mãe" pela criança.

Neste artigo, uma outra das contribuições de Bowlby concerne a sua hipótese segundo a qual o repertório humano de comportamento inato compreende um certo número de respostas do sistema instintual neuronal. Não devemos, todavia, confundi-las com as pulsões instintuais de que fala a psicanálise. Os modelos de comportamento de resposta inatos pré-formados são em parte funcionais desde o nascimento, e em parte no decorrer de estágios ulteriores; associados a respostas orais, eles representam o fundamento fisiológico e comportamental sobre o qual as primeiras relações de objeto vão se estabelecer (e, portanto, suas primeiras trocas com o ambiente humano). Como exemplos de tais modelos inatos, encontramos o escavamento e o chupeteio (Spitz, 1957); o "movimento da cabeça em direção a", em resposta ao calor e ao estímulo cutâneo; sem dúvida, também, o sorriso em resposta, assim como outros que não foram ainda suficientemente estudados.

Pode-se dizer que esses modelos de resposta inata são necessários, mas não suficientes para a formação de relações de objeto. Essas primeiras trocas dão à criança experiências que participam ao mesmo tempo do fisiológico e do psicológico. Elas desencadeiam o primeiro processo psicológico e desse modo dotam as relações de objeto de um conteúdo e de um sentido psicológico. Este processo transforma as relações com o objeto: no começo elas eram essencialmente biológicas e mecânicas, mas no decorrer de seu desenvolvimento assumem gradualmente e cada vez mais a forma de uma interação que é essencialmente de natureza psicológica (Spitz, 1957).

Sem a intervenção dos processos psicológicos, não haveria nenhuma formação de relações de objeto. Podemos ter um comportamento reflexo, mas nenhuma inter-relação de natureza recíproca que conduza a termo as relações sociais. É à perda de tais relações psicológicas que a criança de que Bowlby nos fala responde com dor e aflição. Durante todo o tempo em que as respostas inatas são as únicas a sustentar as relações entre a mãe e a criança, a perda daquela é sentida de uma maneira fisiológica, e não com um sofrimento psicológico, ou com o afeto da aflição. Para experimentar tais afetos, a criança deve ter desenvolvido uma organização psicológica, a qual, a meu ver, tem lugar por volta do sexto mês de vida. Embora de modo incompleto, creio que isso explica minha observação segundo a qual o período crítico para a emergência do afeto de aflição começa depois dos primeiros seis meses de vida, descoberta que é confirmada por outros, mais recentemente por Schaffer e Callender (1959).

As emoções não estão mais disponíveis e diferenciadas que os afetos e percepções por ocasião do nascimento; desenvolvem-se de maneira independente, passo a passo (Malrieux, 1952, 1958). Um certo nível de percepção é a condição prévia para a manutenção das relações de objeto e, por conseguinte, para a experiência da aflição (Spitz, 1947, 1950, 1954).

Estou de acordo com a hipótese de Bowlby que insiste na necessária distinção entre a "depressão" tomada como conceito nosográfico e a "depressão" considerada como um afeto. Ambas são freqüentemente confundidas na literatura. No decorrer de meu trabalho, tentei utilizar o termo "depressão" no sentido de entidade nosográfica.

Bowlby discute de maneira exaustiva a hostilidade manifesta e violenta levantada pelo luto depois da perda de objeto. Sua observação parece-me uma descoberta importante, sustentada por numerosas investigações, como as de Anna Freud sobre as crianças, bem como relatos de casos de adultos e relatórios concernentes às sociedades orais. Nas crianças de *menos* de um ano, jamais observei uma tal hostilidade (Spitz, 1953, 1954). A agressividade, freqüentemente combinada com hostilidade, manifestava-se regularmente *depois* do retorno do objeto, a depressão desaparecia e a criança parecia comportar-se normalmente, e até melhor[1].

Essa diferença entre as declarações de Bowlby e as minhas liga-se ao fato de que suas observações se referem exclusivamente a crianças com mais de dezoito meses, enquanto as minhas, com algumas exceções, concernem a crianças de menos de um ano; as mais velhas do grupo tinham cerca de quinze meses.

É neste ponto que Bowlby e eu não seguimos mais a mesma via. Bowlby rejeita minha proposição, pela qual o dano nas crianças privadas do objeto é resultante da incapacidade destas de voltar a agressão para o exterior, sendo portanto obrigadas a voltá-la contra o *self.* Em vez disso, Bowlby explica a síndrome da depressão anaclítica e do hospitalismo pela "ruptura de uma relação-chave cuja conseqüência é uma dor intensa, cheia de expectativa". Como descrição de um fenômeno observável, isso é absolutamente correto, e isso eu já declarei[2]; todavia, em termos de fundamentação dinâmica, não é uma explicação.

Além disso, é surpreendente ver Bowlby (citando Lindemann e Marris) falar em hostilidade dirigida contra o outro ou contra o *self,* ao mesmo tempo em que rejeita mais adiante, como improváveis, minhas conclusões pelas quais, nas crianças que perderam seu objeto de amor, a agressão se volta contra si.

É bastante embaraçoso que Bowlby declare que "as condições particulares para produzir a síndrome de Spitz permanecem imprecisas" porque Schaffer e Callender (1959) não as observaram em crianças igualmente deprimidas.

---

[1] Quando o objeto volta para a criança, observei muitas vezes que esta apresenta progressos espetaculares em cada um dos domínios de sua personalidade. Jamais pude explicar este fenômeno de maneira satisfatória; podemos supor uma liberação da agressão que, anteriormente dirigida contra o *self,* torna-se agora controlável e utilizável contra o mundo exterior.

[2] Ao descrever as reações da criança, choros, gritos e mais tarde choramingos, e também pela ilustração da expressão de sofrimento em meus filmes.

Em contraste com a *total* privação sofrida pelas crianças estudadas por mim, a privação observada por Schaffer e Callender era apenas *parcial*, já que afinal, como indicam os autores, essas crianças eram visitadas quase todos os dias por suas mães ou pelos pais. Aliás, Schaffer e Callender declaram que nenhuma das crianças foi privada da figura materna por mais de sete semanas e a metade delas se deprimiu por um mês ou mais. Declarei, claramente, que as sérias conseqüências (por vezes fatais) da perda do objeto de amor começam depois do terceiro mês de privação: o prejuízo é ainda reversível até o quinto mês, não o sendo mais depois disso (Spitz, 1945, 1946, 1954)[3].

A diferença fundamental entre a abordagem de Bowlby e a minha é que ele não leva em conta a diferença de nível de desenvolvimento entre crianças de seis meses e crianças de três ou quatro anos, diferença que existe, no entanto. Bowlby considera que não existe praticamente psicologia, em particular não existe emergência de emoção, nem de maturação e de desenvolvimento da criança entre os seis meses e os quatro anos. Há apenas a indicação de que, sem dúvida, a criança "de menos de doze meses", que está adquirindo os rudimentos do eu, pode reagir de modo diferente daquela entre doze e dezoito meses, que atravessou o processo de integração e estabelecimento firme do eu.

Tampouco leva ele em consideração o grande passo no desenvolvimento situado ao fim do segundo ano de vida, quando a fala, no sentido do adulto, é adquirida, e a linguagem é utilizada para expressar o pensamento. Este passo no desenvolvimento da personalidade torna a criança tão diferente do que era nas etapas anteriores como se ela pertencesse agora a uma outra espécie (Spitz, 1957).

---

[3] Os sintomas que resultam da perda da imagem da mãe durante as sete primeiras semanas de separação a que se referem Schaffer e Callender são essencialmente os mesmos que aqueles por mim descritos. A diferença é de ordem semântica: Schaffer e Callender utilizam um auto-proclamado "comportamento objetivo" como terminologia, ao passo que utilizamos a categoria do diagnóstico clínico. Schaffer e Callender pensam que o "hospitalismo" é o resultado de condições raras e especiais de cuidados com as crianças, exigindo que a consideração das reações das crianças a tais cuidados seja acompanhada por descrições precisas das condições aplicadas às populações estudadas. Nesse sentido, remeto-os às páginas 60 a 64 de meu artigo "Hospitalismo" (1945), onde as condições de vida, alojamento, alimentação, vestimentas, cuidados médicos, brinquedos, o pessoal e o espaço de locomoção são descritos; além disso, nos casos de abrigos e creches, o campo de visão, inclusive as dimensões dos berços em que se colocam as crianças pequenas são dados.

Em vez disso, Bowlby em seu artigo insiste na suposição de que a perda do objeto de amor, causa da dor e aflição da criança, tem como conseqüência o luto, como no adulto.

A psicanálise está muito mais interessada na *natureza* da organização psicológica que provoca essa dor; quais são os *meios* disponíveis à criança ou ao adulto para gerar a experiência traumatizante, e *como* se gera essa experiência traumatizante.

Se essas circunstâncias forem levadas em conta, fica evidente que quanto mais a organização da personalidade for inadequada em termos de defesa, maior será o impacto do trauma psicológico, pois é ao eu que cabe a tarefa de defesa e de controle.

Então, acima da idade de um ano, quando o eu está em formação (Hartmann, Kris e Loewenstein, 1946; Hartmann, 1950), as conseqüências da perda do objeto serão não somente diferentes, mas também mais severas do que em idade mais avançada. Bowlby admite que ainda não teve ocasião de observar as respostas à perda prolongada da imagem da mãe nas crianças de menos de doze meses. Talvez a observação das conseqüências da perda *completa* do objeto de amor nessa idade precoce mudasse seu ponto de vista. Todavia é duvidoso, pois parece que Bowlby excluiu da sua teorização o ponto de vista estrutural, isto é, a suposição de uma divisão do aparelho psíquico entre isso, eu e supereu, que é indispensável para a interpretação psicanalítica das respostas das crianças pequenas (Freud, 1923; Spitz, 1954).

Não há a menor referência em seus argumentos ao ponto de vista dinâmico, isto é, à existência na psique de energia libidinal e de energia agressiva, com seus respectivos investimentos. Quando Bowlby fala em dinâmica, é mais em termos de hostilidade, ódio, amor, dor, etc. Ou seja, em termos descritivos. Como se Bowlby não quisesse ir mais longe que Freud em *Além do princípio de prazer* (1920), onde pela primeira vez utiliza os termos "ódio" e "pulsão de agressão" de maneira intercambiável (embora anteriormente já nos houvesse falado em "agressividade"). Bowlby não abre a discussão sobre as condutas pulsionais em termos de libido e de agressão; ele fala em hostilidade e em relações de objeto, limitando-se a um nível comportamental.

Essa é uma abordagem legítima e, como outros autores psicanalíticos, tentei acompanhá-la na parte de observação e descrição de meu trabalho. Mas essa abordagem não convém para explicar dados empíricos com os termos da teoria psicanalítica. A descrição do comportamento deve ser combinada com a explicação dos fatos observados de um ponto de vista econômico, dinâmico e estrutural; em certos casos, devemos mesmo acrescentar o ponto de vista topográfico e a abordagem genética.

Bowlby tem o direito de dispensar esse gênero de explicações, se assim quiser. Todavia, isso deixa então de ser uma explicação psicanalítica, e Bowlby não pode mais, realmente, aplicar a citação de Freud de que se serve ali.

Se examinarmos o artigo de Bowlby sob um ponto de vista teórico, ele parece ter excluído de suas considerações o princípio estrutural, o ponto de vista dinâmico e as etapas do desenvolvimento que conduzem ao estabelecimento e à expansão do eu. No que concerne aos dados da observação, ele não leva em conta, na formação das relações de objeto, por um lado, o desenvolvimento dos aparelhos de percepção e o funcionamento neuromuscular dirigido e, por outro lado, o caráter de pré-requisito do desenvolvimento emocional e da diferenciação. Em sua argumentação, Bowlby considera, pois, que a criança pequena e a criança que começa a andar têm ambas uma personalidade comparável à de um adulto; portanto, supõe que elas passem pelo mesmo processo de luto que os adultos, ao perder um objeto de amor. Mas, ao que parece, no tocante a *um* detalhe particular, Bowlby rejeita essa semelhança que postula sob todos os demais aspectos entre o adulto e a criança pequena: para o adulto, ele aceita a proposição freudiana (1926) do retorno da agressão contra o eu como operante na depressão, e não a aceita para a criança.

Contra todas as evidências da literatura[4], que provam as grandes variações da personalidade infantil tomada em diferentes níveis etários, Bowlby ignora a abordagem desenvolvimentista a ponto de chegar a reduzir a

---

[4] Dois artigos recentes de J. Weidemann (1959a,b) apresentam uma investigação metodologicamente impecável sobre 121 crianças postas em instituição desde o primeiro mês de vida até o sexto ano, e um grupo de controle de 62 crianças vivendo em família, com idades comparáveis, isso tudo com uma extraordinária coleta de dados e um extenso trabalho estatístico. Nessa investigação, ele chegou a resultados muito semelhantes àqueles obtidos por pesquisadores precedentes, inclusive eu mesmo, relativos à influência danosa da institucionalização. Podemos esperar que a grande quantidade de dados reunidos pela pesquisa de Weidemann, os dispositivos estatísticos sofisticados e as precauções extraordinárias tomadas para anular todas as fontes possíveis de erro venham trazer enfim um desmentido às acusações sempre repetidas e especiosas de metodologia imprópria, de dados insuficientes, de generalizações apressadas, etc., levantadas pelas investigações anteriores.

significação da maturação neuromuscular a fim de servir à causa de sua argumentação. Ele acha que o papel da atividade muscular, que fornece uma descarga para ao menos uma parte da ação agressiva nas crianças de nove a doze meses, é sem importância. Por outro lado, ele não parece se dar conta de que, ao nos falar de uma reação de "protesto" contra a perda do objeto na criança um pouco mais velha, reação que consiste em chorar alto, revirar-se no berço e agitar-se toda, está reduzindo esse esforço a uma descarga muscular da conduta agressiva.

Como psiquiatra, Bowlby seria o primeiro a reconhecer que as manifestações violentas e ruidosas de aflição são mais terapêuticas que a sua supressão silenciosa. Apesar disso, ele deprecia a idéia de que a função de descarga seria melhor servida se as crianças em estado de aflição não ficassem confinadas em seus berços, como as crianças que descrevi. O confinamento ao berço torna a descarga muscular extensiva difícil e ineficaz.

Esta exposição não deveria ser interpretada, como parece fazer Bowlby, como se eu atribuísse à inibição da descarga da ação agressiva através do sistema neuromuscular a responsabilidade pelas conseqüências da perda do objeto. Muito pelo contrário, penso, e já o disse repetidas vezes (Spitz, 1945, 1946, 1950, 1953, 1954, etc.), que os responsáveis são especificamente a perda do objeto de amor e a privação de intercâmbio emocional. Correndo o risco de me repetir, devo mais uma vez sublinhar que, nas trocas emocionais com o objeto de amor, as pulsões libidinais e agressivas *ao mesmo tempo* encontram sua descarga. Quem quer que observe uma criança pequena com sua mãe acha isso evidente; se não, como explicar a imagem da criança que esfrega o rosto nas faces da mãe ao mesmo tempo em que bate nela e lhe puxa os cabelos? (Poderíamos multiplicar os exemplos, tal como o clichê psicanalítico da criança que suga e morde ao mesmo tempo o seio materno). A perda do objeto de amor interrompe a descarga de ambas as pulsões. Permitir uma descarga parcial da pulsão agressiva não é, certamente, um remédio; mas isso ajuda, de certo modo, já que a ausência total de descarga torna as conseqüências da perda do objeto ainda mais graves.

Para resumir, posso dizer que concordo com Bowlby quanto à necessidade de um esclarecimento conceitual geral e com alguns de seus esforços para pô-lo em prática, no presente artigo. Também estou de acordo em dizer que a criança responde à perda da imagem materna com aflição (no caso da criança de menos de um ano, prefiro falar em perda do objeto de amor).

Todavia, Bowlby, nas observações relatadas, passa em silêncio por um certo número de diferenças psicológicas que marcam as etapas sucessivas do desenvolvimento da criança e podem ser medidas e observadas. No nível teórico, ele ignora os pontos de vista dinâmicos e estruturais que são considerados há algum tempo como as pedras angulares da teoria psicanalítica. *A contrario*, Bowlby supõe a existência de certas diferenças psicológicas específicas seletivas entre a criança pequena, a criança e o adulto, diferenças para as quais não existe nem prova empírica nem justificativa lógica. Não desejo entrar numa discussão dos méritos da suposição de Bowlby, segundo a qual a criança pequena apresenta uma reação de luto em seguida à perda do objeto de amor. Esta é uma questão mais ou menos semântica. Mas se utilizarmos o termo "luto", devemos estar conscientes de que este é um termo reservado em psicanálise a um processo dinâmico bem definido, que abriga formas patológicas.

Quando produzimos novas teorias, não devemos violar o princípio científico de rigor, oferecendo hipóteses que, ao mesmo tempo em que contrastam com a teoria existente, ocultam os dados de observação, são simplistas e não trazem nenhuma contribuição a uma melhor compreensão dos fenômenos observados (Beck, 1950).

Bibliografia

Beck, L. W. (1950), "Constructions and Inferred Entities". In *Readings in the Philosophy of Science*, ed. H. Feigl e M. Brodbeck, Nova Iorque, Appleton-Century-Crofts, 1953.

Bowlby, J. (1958), "The Nature of the Child's Tie to His Mother, *Int. J. Psa.*, XXXIX.

———. (1960), "Separation Anxiety", *Int. J. Psa.*, XLI.

Freud, S. (1917), "Mourning and Melancholia", *Standard Edition*, XIV, Londres, Hogarth Press, 1957.

———. (1920), "Beyond the Pleasure Principle", *Standard Edition*, XVIII, Londres, Hogarth Press, 1955.

———. (1923), "The Ego and the Id", Londres, Hogarth Press, 1949.

———. (1926), "Inhibitions, Symptoms and Anxiety", *Standard Edition*, XX, Londres, Hogarth Press, 1959.

Hartmann, H. (1950), "Comments on the Psychoanalytic Theory of the Ego", *This Annual*, V.

——— e Kris, E., Loewenstein, R. M. (1946), "Comments on the Formation of Psyche Structure", *This Annual*, II.

Heinicke, C. M. (1956), "Some Effects of Separating Two-Year-Old Children from Their Parents. A Comparative Study", *Human Relations*, IX.

Isakower, O. (1938), "A Contribution to the Pathopsychology of Phenomena Associated with Falling Asleep", *Int. J. Psa.*, XIX.

Malrieux, P. (1952), *Les émotions et la personnalité de l'enfant*, Paris, Librairie philosophique.

———. (1958), "L'étude génétique des émotions", *Psych. Franç.*, III.

Robertson, J. (1952), Filme: *A Two-Year-Old Goes to Hospital*, Londres, Tavistock Clinic.

Schaffer, H. R. e Callender, W. M. (1959), "Psichological Effects of Hospitalization in Infancy", *Pediatrics*, XXIV.

Spitz, R. A. (1945), "Hospitalism: An Inquiry Into the Genesis of Psychiatric Conditions in Early Childhood", *This Annual*, I.

———. (1946), "Anaclitic Depression", *This Annual*, II.

———. (1947), " Emotional Growth in the first year", *Child Study*, Primavera, 1947.

———. (1948), "The Importance of Mother–Child Relationship during the first year of life", *Mentl Health Today*, VII.

———. (1950), "Psychiatric Therapy in Infancy", *Am. J. Orthopsychiat.*, XX.

———. (1953), "Aggression: Its Role in the Establishment of Object Relations". In *Drives, Affects, Behavior*, ed. R. M. Loewenstein, Nova Iorque, International Universities Press.

———. (1954), "Genèse des premières relations objectales", *Rev. franç. psa.*, XXVIII.

———. (1955), "The Primal Cavity. A Contribution to the Genesis of perception and its Role for Psychoanalytic Theory", *This Annual*, X.

———. (1957), *No and Yes: On the Genesis of Human Communication*, Nova Iorque, International Universities Press.

——— e Wolf, K. M. (1946), "The Smiling Response: A Contribution to the Ontogenesis of Socila Relations", *Genet. Psychol. Mon.*, XXXIV.

Weidemann, J. (1959a). "Das Kind im Heim" *Ztschr. Kinderpsychiat.*, XXVI.

———. (1959b), "Heimkind und Heimmilieu", *Ztschr. Kinderpsychiat.*, XXVI.

markgraph
Rua Aguiar Moreira, 386 - Bonsucesso
Tel.: (021) 564.1056 Telefax.: (021) 270.9656
Rio de Janeiro - RJ